LE CHEESE GEEK
LE CHEESE BOOK

LE CHEESE BOOK

PAR

LE CHEESE GEEK

LE CHEESE BOOK PAR LE CHEESE GEEK

Photographie et stylisme des recettes :
Zoé Armbruster et Blaise Gargadennec
Collages : Mathilde Aubier et Bertrand Sallé

hachette
CUISINE

SOMMAIRE

INTRODUCTION

Mes chères biquettes,

Je suis enchanté de vous retrouver dans ce Cheese Book. Merci, merci de me suivre dans mes aventures !

Je sais que ça sonne un peu cliché, mais je suis convaincu que les plus belles histoires commencent là où on ne les attend pas. La mienne, avec le fromage, ne fait pas exception. Rien ne me prédestinait à cet univers : pas de grand-père affineur, de tante chevrière, et mes premiers mots ne furent pas « pâte molle à croûte lavée ».

Non. J'ai fait une école de commerce bien sage, bien lisse, bien insipide.

Et pourtant, à la fin de mes études, alors qu'un CDI dans une start-up allemande se profilait à l'horizon, j'ai eu une sacrée intuition. J'ai tapé « travailler dans une ferme » sur Google, et j'ai découvert l'association WWOOF France, qui permet de découvrir des métiers en travaillant gratuitement dans des fermes en agriculture biologique, contre gîte et couvert.

J'ai très vite décidé de prendre la poudre d'escampette en troquant les open spaces pour les grands espaces, afin de sortir de ma zone de confort et découvrir quelque chose de plus vrai, de plus vivant.

C'est ainsi que j'ai débarqué en 2014 à la Ferme des Étangs, à Ardenais (18).

Et là : *tilt.*

La traite à l'aube, la sensation des mains dans le caillé, la vente des fromages de chèvre sur le marché de Bourges... J'étais heureux, tout simplement. Le genre de bonheur brut qui vous fait revoir vos plans de carrière. Deux ans plus tard, je m'inscrivais à la formation de « vendeur-conseil en crémerie-fromagerie » au CIFCA de Paris.

rien que ça

Et *guess what:* ça m'a passionné ! Depuis ? Eh bien... ma vie tourne autour du Cheese !

Depuis 2016, j'ai mis toute mon énergie au service d'une seule mission : l'éducation au fromage. À travers des ateliers, des événements, les réseaux sociaux... tout ce que je fais converge vers ce même objectif.

C'est donc tout naturellement que je me suis lancé le défi d'écrire *Le Cheese Book*.

Pourquoi cette mission, me demanderez-vous ?

Parce qu'après avoir vu défiler des milliers de personnes dans mes ateliers, j'ai fait un constat aussi simple que sidérant : les gens – et tout particulièrement les Français – n'y connaissent absolument rien au fromage.

Oui, même ceux qui en mangent matin, midi et soir. Je sais que c'est dur à entendre, mais c'est la stricte vérité.

Je suis convaincu qu'il est dommageable que les Français continuent d'être les plus gros mangeurs de fromage au monde sans être aussi les plus curieux, les plus informés, les plus conscients de ce qu'ils ingurgitent.

L'alimentation, aujourd'hui, est un sujet éminemment politique, éthique et environnemental. Ce que l'on met dans notre assiette en dit beaucoup de notre société, de nos valeurs, de notre rapport au monde et à notre santé. Il est donc crucial, à mon sens, d'apprendre à mieux comprendre ce que l'on consomme.

Et pour ce qui est du fromage, cela commence par s'intéresser, puis s'informer : sur l'origine, les conditions de fabrication, les filières, et les enjeux derrière chaque croûte.

La bonne nouvelle ? En faisant cet effort, vous aurez vous aussi le plaisir de faire vibrer vos papilles. Car dans la grande majorité des cas, les fromages bien faits – au lait cru, fermiers, respectueux des saisons, des animaux et des humains – sont aussi les meilleurs !

Alors ce livre, c'est quoi ?

C'est un peu le kit du débutant pour tous ceux qui veulent bien faire l'aveu qu'ils ont encore beaucoup à apprendre dans le monde du fromage.

Il répond aux 30 questions qui m'ont été le plus posées ces dix dernières années : des plus sérieuses aux plus farfelues. C'est une sorte de FAQ fromagère version deluxe.

Et parce que l'appétit vient en lisant, vous trouverez aussi des recettes imaginées par des chefs et créateurs de contenu que j'ai croisés sur mon chemin. Chacun a eu la même contrainte : proposer une recette créative, facile et gourmande, en mettant à l'honneur leur cheese préféré.

J'ai imaginé ce livre pour être picoré entre deux morceaux de comté, mais vous êtes bien sûr invités à lui faire sa fête et à le dévorer en une seule bouchée. Après tout, vous en faites bien ce que vous voulez !

J'ai bien hâte d'avoir vos réactions, et suis très enthousiaste à l'idée de vous retrouver sur Instagram et TikTok @lecheesegeek... et peut-être un jour, si saint Uguzon m'écoute, au Palais du Fromage !

le saint patron des fromagers

Je vous souhaite une délicieuse lecture !

1. ET L'HOMME CRÉA LE CHEESE

ET LE PREMIER CHEESE FUT

Il faut se rendre à l'évidence, même si ça fait un peu mal au cœur : il fut un temps où le cheese n'était pas. Et puis un jour, un être humain – auquel je porte un toast – a goûté du lait bien pourri et s'est dit : « Tiens… et si on faisait des Apéricubes© au saumon (mes préférés) ? » Blague à part, tentons de retracer ensemble, entre légendes nomades, fouilles archéologiques et déductions à la louche, les origines du Cheese.

★ LE CAMELBACK POURRI DE GUY ★

La légende raconte que le premier cheese aurait été découvert par un nomade du désert, quelque part entre deux oasis et trois mirages.
Le Bédouin – appelons-le Guy pour l'exercice – part pour un long trajet à dos de dromadaire (ou de chameau, j'ai un doute). Durant ses préparatifs, la tuile, il se rend compte qu'il a paumé sa gourde full-inox-isotherme-double-paroi-auto-filtrante.
Mais Guy a plus d'un tour dans son 40 L compartimenté. Il décide donc de transporter son lait dans une outre fabriquée avec un estomac de chèvre.
Et là, PAF, le combo chaleur + agitation + enzymes naturelles de la panse agit : le lait coagule, le petit-lait se sépare de la matière :

a cheese is born.

Guy tente de boire, mais le lait ne coule pas. Il ouvre son camelback de fortune, il regarde, il est dégoûté, il vomit, il hésite… et comme Guy a la dalle, il goûte.

ET CONTRE TOUTE ATTENTE, LE CHEESE A FAIT SA PREMIÈRE VICTIME :

Guy kiffe.

TOUT COMMENCE AVEC UNE FAISSELLE MERDIQUE

Au-delà de la légende, l'invention du cheese remonte très probablement au Néolithique.

C'est à ce moment-là que l'humain commence à se sédentariser, à élever puis traire des bêtes, et donc à se retrouver avec des seaux de lait sur les bras.

En deux jours, le lait cru a vite fait de donner une diarrhée épique à toute la tribu.
Ralala, si seulement on trouvait un moyen de le garder un peu plus longtemps…
Et comme souvent dans l'histoire, les grandes idées commencent par une boulette (coucou les sœurs Tatin).
Un reste de lait oublié dans un pot douteux, une journée trop chaude, une texture louche et un Guy qui a la dalle…
Bon, les premiers cheeses tenaient plus de la faisselle dégueu' que du beaufort « Chalet d'Alpage » …
mais ils étaient miraculeux !
La première conserve de l'humanité, le cheese, était bien née !

CE QU'EN DISENT LES SCIENTIFIQUES

Depuis quelques années, les archéologues du goût (oui, ça existe aussi) ont retrouvé des preuves très concrètes de la fabrication de cheese bien plus anciennes qu'on ne l'imaginait.
Sur des fragments de poterie retrouvés en Pologne, on a détecté des résidus de vodk… non j'rigole, de protéines de lait, qui datent de… 7500 ans avant Jean-Claude (J.-C. pour les intimes) !

Et du côté de la Mésopotamie, des tablettes d'argile (pas des iPads) témoignent déjà de techniques de transformation du lait vers 3000 ans toujours avant J.-C.

En 2018, des archéologues ont retrouvé le plus vieux Cheese de l'humanité affiné quelque 38400 mois (3200 ans) dans la tombe de ce bon vieux Ptahmes.
Car c'est bien connu : on ne voyage pas dans l'au-delà sans son Ficello® !

ALORS, QUI A INVENTÉ LE CHEESE ?

★ ★ ★

Impossible de te le dire avec certitude, je n'étais pas né… Mais il y a fort à parier que c'était un mélange de lait abandonné, de hasard bien senti et d'un Guy affamé.

UNE PETITE HISTOIRE DU CHEESE

QUAND LE CHEESE DEVIENT ★ SÉRIEUX ★

Les premières mentions manuscrites du cheese se retrouvent dans l'*Histoire Naturelle*, rédigée par Pline l'Ancien en 77 après *Jeesus*.

Il y cite une dizaine de cheeses célèbres dans tout l'Empire romain, notamment des cheeses rustiques du Massif central, ancêtres du Cantal, solides comme des galets, parfaits pour nourrir les soldats. À Rome, les légions ne partaient pas sur le champ de bataille sans un bon morceau de parmesan.

Mais pas râpé hein, parce que c'est pas pratique.

À Pompéi, des fresques représentent des scènes de marché où le cheese est vendu comme un produit de luxe : preuve que, déjà, la consommation des cheeses dépassait la simple survie alimentaire.

Au Moyen Âge, les moines sauvent l'apéro

Après la chute de Rome, tout part un peu en vrille, sauf dans les monastères : dès le XIe siècle, les moines prennent la relève. L'abbaye de Cîteaux, fondée en 1098 en Bourgogne, devient un haut lieu du savoir-faire fromager. Les moines mettent en place des méthodes d'affinage, perfectionnent les croûtes lavées, posent les bases de ce qu'on kiffe aujourd'hui. En 1411, le roi Charles VI signe un édit royal pour protéger le roquefort : seuls les cheeses affinés dans les caves naturelles de Roquefort-sur-Soulzon ont le droit de porter ce nom.

À partir du moment où un édit royal est rédigé, on comprend qu'on ne rigole plus avec le cheese! Quant au brie, il est déjà une star médiatique : ce bon vieux Charles d'Orléans en offre lors de ses banquets, et Talleyrand proclamera plus tard, en 1815, que le brie est « le roi des cheeses et le cheese des rois ». Drop the mic

★ À cette époque, le cheese acquiert carrément le statut d'œuvre d'art.

L'ÉPOQUE MODERNE : PASTEURISATION, INDUSTRIALISATION… ET RÉSISTANCE

Au XIXe siècle, Louis Pasteur invente la pasteurisation. Bonne nouvelle pour l'hygiène, mauvaise pour le goût. Au cours du XXe siècle, le cheese devient un produit de grande consommation : pasteurisé, sécurisé, expédié partout. Aujourd'hui, moins de 10 % des cheeses produits en France sont encore faits au lait cru. Le reste est homogénéisé, standardisé, emballé, pesé.

Heureusement, quelques irréductibles tiennent encore la ligne : fermiers, affineurs, artisans… tous ceux qui refusent que le cheese devienne un simple cube fade sous aluminium. Le cheese, c'est l'histoire de l'humanité concentrée dans un morceau qui pue bon. Un accident génial, perfectionné génération après génération, de Rome aux caves d'alpage.

Aujourd'hui, quand tu dégustes un vrai cheese, tu croques aussi dans des millénaires d'Histoire !

LE JEU DES 7 FAMILLES... DE CHEESE

On dénombre près de 3500 cheeses en France. Ça fait beaucoup, mais en réalité, c'est beaucoup plus simple que tu ne crois. On peut répartir tous ces cheeses en 7 grandes familles de fabrication. C'est un peu simplifié, mais c'est le jeu, ma pauvre Lucette. C'est parti pour un grand tour de plateau !

IMMACULÉE CONCEPTION : la famille des cheeses frais

Ce sont les cheeses les plus simples, les plus bruts, les plus purs. Le lait est ensemencé avec des ferments lactiques, coagule lentement (entre dix-huit et vingt-quatre heures), est moulé et s'égoutte naturellement. Pas d'affinage, ils passent directement du lait au palais. Mais simple ne veut pas dire facile. Un bon cheese frais, c'est du très grand art.
Résultat : une texture souple, une fraîcheur éclatante, une acidité légère et de doux parfums lactés.

★ Quelques fromages pour se repérer : chèvre frais, faisselle, cottage cheese.

SORTI DE LA PISTOCHE : la famille des croûtes naturelles

On prend les mêmes cheeses frais, et on les passe en hâloir : leur croûte sèche, se plisse, prend des allures de cerveau : elle est vermiculée. Et hop, un nouveau mot dans ton Pokédex !
La croûte est parfois cendrée au charbon végétal pour la protéger et lui donner un bel aspect.
Résultat : une évolution de texture du moelleux au cassant, et des arômes du lactique léger au caprin bien marqué.

★ Quelques fromages pour se repérer : crottin de Chavignol, Sainte-Maure de Touraine, pélardon.

DUVET D'ADOLESCENT : la famille des pâtes molles à croûte fleurie

Ou PMCF, pour les intimes.
Après ajout de présure et moulage, les fromagers envoient un petit coup de spray de *Penicillium candidum* : un champignon qui fait naître la fameuse croûte blanche duveteuse.
Résultat : une pâte souple, parfois coulante, des arômes qui vont du beurre frais aux arômes de champignons et de sous-bois.

★ Quelques fromages pour se repérer : camembert de Normandie, brie de Melun, chaource, neufchâtel.

MOISI : la famille des pâtes persillées

On ensemence le lait avec le *Penicillium roqueforti*.
Après moulage, on pique les cheeses pour créer des canaux d'air et permettre aux moisissures bleues de coloniser la pâte.
Résultat : des cheeses marbrés de bleu ou de vert, crémeux ou friables, et des arômes de cave humide ultra sexy.

★ Quelques fromages pour se repérer : roquefort, bleu d'Auvergne, bleu de Gex, fourme de Montbrison…

FAMILLE RECOMPOSÉE : la famille des pâtes pressées non cuites

Le caillé est pressé pour chasser un max d'humidité, mais sans cuisson.
Résultat : on trouve de tout. Les textures varient du souple à légèrement ferme et des arômes du lactique discret à de l'animal sage en passant par l'épicé coquin.

★ Quelques fromages pour se repérer : saint-nectaire, reblochon, tomme de Savoie, morbier…

BOXEUR DE GLOTTE : la famille des pâtes molles à croûte lavée

Même début que les croûtes fleuries, sauf qu'on va laver régulièrement la croûte avec de la saumure (eau salée) parfois enrichie d'alcool. Le ferment *Brevibacterium linens* se développe, et là, ça commence à faire causer dans les narines.
Résultat : une croûte orangée, humide, une pâte de plus en plus onctueuse, et des arômes fermiers costauds et souvent un peu d'ammoniac en fin de course.

★ Quelques fromages pour se repérer : munster, époisses, maroilles, langres.

HAUTE-VOLTIGE : la famille des pâtes pressées cuites

Cette fois, on chauffe le caillé autour de 55 °C avant de presser. Moins d'eau, plus de conservation, plus de complexité à l'affinage.
Ces cheeses étaient fabriqués en montagne en été lorsque le lait était abondant pour être mangés pendant l'hiver quand y'avait pas de SPAR.
Résultat : des cheeses élastiques jeunes, puis beurrés, granuleux, et incroyablement aromatiques avec le temps. Un comté, c'est 80 arômes possibles répartis en 6 familles, rien que ça.

★ Quelques fromages pour se repérer : comté, beaufort, parmesan…

Et voilà !

La prochaine fois que tu entres dans une fromagerie, tu verras que les cheeses sont quasi toujours rangés par famille.
Tu pourras naviguer à travers les vitrines comme un capitaine aguerri, sourire en coin, prêt à commander comme un boss. Et si tu as encore quelques doutes, go page 108 pour savoir comment t'y retrouver dans l'antre des fromages.

DESSINE-MOI LA CHEESE MAP DE FRANCE

Le nombre considérable de cheeses français est le fruit d'un enchevêtrement de phénomènes géographiques, historiques, sociaux, climatiques… et un peu magiques aussi ! Allez viens, suis-moi sur les (c)roûtes de France, on est bien !

LE TRIANGLE DE L'OUEST

Commençons par l'ouest, entre la Touraine, les Deux-Sèvres et la Vendée, là où les cheeses de chèvre poussent comme des pâquerettes.
On y trouve par exemple les AOP Sainte-Maure de Touraine, chabichou du Poitou et le p'tit dernier : le mothais sur feuille.
Cela s'explique sans doute parce qu'au VIIIe siècle, les Maures ont brièvement occupé la région et ont transmis leurs techniques d'élevage et leur savoir-faire fromager aux habitants.
Au fait… Sainte-Maure-de-Touraine, tu vois que j'invente rien !

PLUS ON MONTE, PLUS ÇA PÈSE

À l'époque, en montagne, il n'y avait pas de supérettes. Et en hiver, les habitants ne faisaient pas de luge, ils survivaient comme ils pouvaient. Alors en été, quand le lait était abondant, ils trayaient à fond les ballons et fabriquaient des cheeses de garde : des meules massives, chauffées et pressées, pour en extraire l'humidité et les garder bien longtemps, au moins jusqu'à l'hiver suivant.
Fort de cet héritage, encore aujourd'hui, plus on est haut, plus les cheeses sont gros !

Ça fouette à l'est

Au nord et à l'est, les cheeses ont la fâcheuse tendance à refouler. C'est parce que les moines qui ont élu domicile dans la région au Moyen Âge ont inventé la technique consistant à laver la croûte des cheeses (voir p. 24 pour tout savoir sur les croûtes). Ils ont utilisé leurs breuvages (vins, bières, liqueurs) pour en frotter leurs cheeses pour les conserver plus longtemps et parce que ça faisait des cheeses bien costauds. Le munster vient d'ailleurs du latin *Monasterium*. Il était fabriqué par une bande de moines italiens installés en Alsace…

Au centre, un plateau à ciel ouvert

Vertes prairies, petites et moyennes montagnes, climat généreux : l'Auvergne a tout pour plaire aux vaches et aux fromagers.
C'est grâce à cette particularité climato-géographique qu'on y retrouve autant de cheeses différents. Quasi toutes les familles de cheeses (voir p. 16 pour connaître les 7 grandes familles régnantes) et de laits y sont représentées.

Ça y pleut, y pleut, bergère

En Normandie et en Île-de-France, il pleut une bonne partie de l'année : l'herbe pousse en continu, les vaches broutent presque sans pause, le lait abonde, et les cheeses suivent la cadence. Le *Penicillium camemberti*, ce petit champignon blanc responsable des croûtes fleuries, maîtrisé depuis longtemps dans la Brie, a trouvé en Normandie un terrain parfait pour s'épanouir : un climat humide, un lait riche, une production de cheeses constante. La moisissure a fleuri et a fait pousser avec elle tout un pan du patrimoine fromager normand.

CHAUD DEVANT : LES SUDISTES

À l'inverse, dans les Pyrénées, en Provence ou en Corse, le climat est sec, le soleil tape fort, et l'herbe manque pour rassasier un troupeau de vaches.

Mais les chèvres et les brebis, elles, s'adaptent.
Elles crapahutent dans la garrigue et se contentent d'un brin de romarin par-ci, d'une tige de sarriette par-là, et donnent un beau lait parfumé qui devient roquefort, brousse du Rove, brocciu ou tomme corse.

Les No Cheese Lands

Quand on jette un coup d'œil à la carte des AOP fromagères françaises, certaines zones font franchement tache : des vides intersidéraux comme si le cheese avait snobé des pans entiers du pays.
Mais ça s'explique !
Les Bretons, étant exonérés de gabelle, cette fameuse taxe sur le sel, ont tout misé sur le beurre salé au détriment du cheese, considéré à l'époque comme du lait pourri. Quant aux Bordelais, ils ont rapidement compris que mieux valait faire vieillir du vin que du lait. Et c'est pour ça qu'ils se sont mis à vinifier des grands crus plutôt que d'affiner des trous-du-cru…

c'est le nom d'un Cheese, hein !

Je l'admets, j'ai caricaturé, grossi le trait, fait l'impasse sur deux ou trois vallées. Ce qu'il faut retenir, c'est que ces 3 500 cheeses ont poussé comme du chiendent : là où ils ont pu, comme ils ont pu, entre cailloux, vaches têtues et coups de génie paysans.
La France, la vraie, ne se lit pas sur une carte IGN… elle se tartine !

L'AOP EST-ELLE UN GAGE DE QUALITÉ ?

**Aaah, l'AOP ! Trois petites lettres qui claquent comme un sceau royal sur ton cheese.
L'appellation d'origine protégée, c'est la garantie du terroir pur jus, du respect des traditions, du fromage d'exception… en théorie.
Mais, entre l'idée sur le papier et la réalité dans ton assiette, il peut y avoir quelques nuances…**

L'IDÉE ORIGINELLE EST BONNE

Remontons un peu le temps. En 1411, ce bon vieux roi Charles VI (dit « le Bien-Aimé » ou « le Fou », au choix) a donné aux habitants de Roquefort-sur-Soulzon le monopole de l'affinage du roquefort dans leurs caves naturelles, dans une région « où ne pousse ni pied de vigne ni grain de blé ». Traduction : arrêtez de copier le fromage de ces pauvres paysans qui n'ont absolument que ça pour eux.
Cinq siècles plus tard, en 1925, le roquefort devient le premier produit français officiellement reconnu par une « Appellation d'Origine ».
En 1935, on formalise les règles avec le label « Appellation d'Origine Contrôlée » (AOC), d'abord pour les vins et spiritueux (châteauneuf-du-pape, cognac, arbois…).
En 1992, l'Europe généralise tout ça avec l'AOP. L'idée reste la même : protéger un produit 100 % local, 100 % maîtrisé, 100 % authentique.
Chaque AOP est adossée à un cahier des charges plus ou moins exigeant : taille du territoire, races animales, durée d'affinage, type d'alimentation…
Par exemple, le cahier des charges de l'AOP comté fait 22 pages et va très loin dans l'exercice : plus de 1 hectare de surface fourragère par vache, la collecte du lait ne peut être faite « au-delà des limites d'un cercle de 25 km de diamètre, mesuré à vol d'oiseau », et patati et patata.
Résultat : plus de 70 000 tonnes de comté AOP ont été produites en 2023, mais (quasi) chaque meule est de grande qualité.

ET LA RÉALITÉ S'EN EST MÊLÉE

Avec la montée des enjeux économiques, les choses se sont compliquées. Véronique Richez-Lerouge, dans son livre *Main basse sur les fromages AOP, estime que plus de 60 % des fromages AOP sont désormais entre les mains des grands groupes industriels.**

Alors oui, ils respectent scrupuleusement les cahiers des charges. Mais en pratique, l'industrialisation peut gommer la singularité des fromages, les rendant plus uniformes, plus prévisibles… et, parfois, moins vibrants.
Autre constat : environ ⅓ des AOP autorisent aujourd'hui l'utilisation de lait pasteurisé, même pour des produits qui, historiquement, étaient fabriqués avec du lait cru. Cela répond certes à des impératifs sanitaires ou commerciaux, mais en bouche, ça change la donne…

Le lait cru apporte une complexité aromatique unique, quand le lait pasteurisé, lui, a tendance à… lisser !

Prenons un cas d'école : le camembert de Normandie.
Pendant des années, un bras de fer a opposé les producteurs traditionnels et les industriels.
Ces derniers voulaient élargir l'appellation « camembert de Normandie » aux versions pasteurisées, beaucoup plus faciles à produire en masse.
Après des années de débat politique, de coups tordus et de manœuvres économiques, les défenseurs du lait cru ont fini par conserver une AOP stricte… mais au prix d'une division du marché.

Aujourd'hui encore, seul un camembert marqué « au lait cru » et « AOP camembert de Normandie » est le véritable héritier du goût d'origine.
Pas simple de s'y retrouver.

REGARDE AU-DELÀ DE L'ÉTIQUETTE

Alors, faut-il snober toutes les AOP ? Bien sûr que non. Mais ce n'est pas un rond rouge et jaune collé sur une étiquette qui va te garantir un frisson en bouche.

Le vrai juge, c'est ton palais.

Et la meilleure méthode, c'est de goûter, de comparer, de t'informer, de discuter avec ton fromager.
Un comté AOP affiné avec amour sur le temps long, c'est sublime.
Mais un petit fromage fermier sans label, parfois, peut te faire voyager encore plus loin.

D'ailleurs, beaucoup de fromages pourraient prétendre à une AOP, mais s'en passent très bien. Charlotte Salat, par exemple, productrice de salers tradition, n'a jamais vraiment cherché à récupérer l'AOP qu'on lui avait retirée. Et son fromage reste un monument.

Faut-il jeter les AOP aux orties ?

Bien sûr que non.

Mais il faut savoir aller plus loin que l'étiquette.
S'informer, goûter, sentir, discuter, comparer, voilà les maîtres-mots de la découverte gustative.
Parce qu'à la fin, ce n'est ni un logo ni un règlement européen qui feront danser tes papilles.

*Erick bonnier, 2017.

DES CHEESES AUX NOMS CHELOUS

Je ne vais pas te faire la liste des 3500 cheeses français, mais globalement, leurs noms se classent en cinq catégories : les éponymes, les figuratifs, les historiques, les patoisants et les franchement crados.

LES ÉPONYMES

Beaucoup de cheeses tirent leur nom de leur lieu d'origine. Facile. Le valençay vient du village de Valençay, pareil pour le camembert, le cantal du département du… Cantal, en note dans la marge relié à Cantal le comté vient de Franche-Comté, le mont d'or de la montagne éponyme, l'ossau-iraty peut être produit dans la vallée d'Ossau ou dans la région de la forêt d'Iraty. C'est bon, tu l'as.

C'est bien, je vois que tu suis !

LES FIGURATIFS

Parfois, le nom fait simplement référence à la forme du cheese. Pas besoin d'avoir fait Polytechnique pour comprendre que la bûchette du Bois-Rond tient son nom de sa forme s'apparentant à… une bûchette. Même logique implacable pour le pavé d'Auge en forme de pavé, le carré de l'Est qui est carré, la boule de Lille (aussi appelée mimolette) qui ressemble à une boule et la brique du Forez qui a une forme de… bon j'arrête je pense que tu l'as.

LES PATOISANTS

Certains noms de Cheeses viennent directement de patois régionaux, en voici quelques-uns, *vingt dieux* !

En patois savoyard, « re-blocher » signifie « traire une seconde fois ». Les paysans, taxés sur leur production laitière, faisaient une première traite devant l'inspecteur... puis une seconde en douce pour eux. Cette deuxième traite, plus riche, servait à faire du... reblochon !

En arabe « chebli » signifie « petite chèvre ». Au VIIIe siècle, les Maures en conquête ont débarqué dans l'actuel Poitou-Charentes et Limousin. Certains se sont installés et ont commencé à fabriquer du Cheese de chèvre, transmettant par la même occasion leurs techniques aux locaux. Et là-bas, on trouve du : chabichou et – attention ça va t'en boucher un coin ou deux – du Sainte-Maure de Touraine !

En occitan, « pebre » signifie « poivre ». Il existe un petit Cheese de chèvre fabriqué dans les Cévennes qui a un goût piquant et poivré...le pélardon !

En berrichon, « crot » désigne les rives où l'on lavait le linge. La terre argileuse servait à fabriquer des moules à Cheeses. Le contenant a donné son nom au contenu et ... le crottin de Chavignol naquit !

LES RACÉS

Certains Cheeses doivent leur nom à une histoire ou un événement marquant. Ainsi, au Ve siècle après Jean-Claude, il ne faisait pas bon vivre en Aveyron (ni nulle part d'ailleurs, les Barbares ayant pour fâcheuse habitude de brûler, voler et violer). Des irréductibles bergers aveyronnais décidèrent cependant de résister à l'envahisseur et de fortifier leur village. Il prendra le nom latin de *Roca Forta* (la forteresse), puis Roquefort (-sur-Soulzon). Son cheese de prédilection héritera du même nom... le roquefort !

Si ces appellations t'émoustillent, tu as de la chance, il y en a toute une flopée ! Le téton de Saint-Agathe, le bouton de culotte, la boule des moines...

LES CRADOS

Certains cheeses ont écopé de noms à consonance faiblement gracieuse : leurs noms intriguent, choquent et surtout... font vendre !

- **Le Vieux Puant** ou **Puant de Lille** est un Maroilles qui a séjourné trois mois dans de la saumure.
- **Le Cacouyard** tire son nom du terme patois franc-comtois « cacouyer », qui signifie « remuer, mélanger »". Rien de sale ici, mais avouez que ça ne donne pas super envie.
- Le nom du **Trou du Cru** vient de la fabrication de l'Époisses. Comme il était difficile de l'affiner à cœur, on prélevait le centre encore cru (non affiné). On faisait donc un trou dans le cru, et *tadam* : le trou du cru est né !

C'est bon, tu es fin prêt pour naviguer dans une fromagerie avec des repères robustes. Derrière chaque nom de cheese, il y a une histoire, un terroir... ou un fromager un brin potache. File voir en page 108 !

PEUT-ON MANGER LES CROÛTES DU CHEESE ?

LES CROÛTES :
DES ŒUVRES D'ART COMESTIBLES

Les croûtes, c'est tout un univers, vaste et passionnant. Fruit de la nature, de la science et de la passion de l'affineur… Alors, on reste ignorants et on les jette bêtement ou on fait un p'tit effort et on s'informe ?

Au départ, une croûte, c'est juste la partie du cheese qui sèche naturellement en surface. Mais les fromagers sont inventifs. Ils ont eu la malicieuse idée de cultiver des bactéries et des champignons spécifiques pour développer des arômes et des textures uniques.

ET AINSI NAQUIRENT TOUT UN TAS DE CROÛTES DIFFÉRENTES :

- ★ **les croûtes fleuries**, le petit duvet qui donne des arômes de champignon et de sous-bois ;
- ★ **les croûtes lavées** qui donneront du caractère au cheese avec des notes fermentaires, fermières, rustiques et… de pied ;
- ★ **les croûtes Mucor**, autrement appelées « poils de chat », qui forment comme un doux pelage aux arômes de terre humide ;
- ★ **les croûtes céronnées**, c'est-à-dire pleines de tunnels creusés par des acariens qui participeront à développer des arômes caverneux.

Considérant cette belle palette aromatique, ce serait bien dommage de tout balancer à la poubelle, n'est-ce pas ?

Goûte ta croûte !

Selon mes statistiques, 95 % des croûtes sont parfaitement comestibles.

Je recommande de les manger pour plusieurs raisons : les croûtes, c'est toujours intéressant gustativement. Ça va apporter des nuances au niveau de la texture, de nouvelles saveurs et d'autres arômes, en général plus intenses. Profites-en à fond en coupant la croûte pour goûter la pâte d'abord, puis la croûte seule, puis les deux en même temps : trois-cheeses-en-un. #bonplanradinmalin

Tu noteras que je n'ai pas dit « bon », j'ai dit « intéressant »

Comme la peau des fruits, les croûtes de cheese sont source de tout un tas de bienfaits : elles sont riches en protéines, en minéraux (calcium, phosphore), et même en probiotiques qui vont faciliter ton transit intestinal.

Et enfin, dans ma vision de la consommation de cheese, manger la croûte, c'est tirer son chapeau et montrer un certain respect au travail du fromager qui se tue à la tâche pour que tu aies de belles croûtes bien goûteuses.

Y'a rien à croûter

Celles des grosses meules de garde (comté, beaufort) méritent aussi une certaine vigilance : ces cheeses sont très manipulés pendant leurs longs affinages, ce qui n'en fait pas les croûtes les plus cleans. Je les mange sans broncher, mais les plus frileux pourront les gratter avec la pointe d'un couteau. Les très épaisses (parmesan, emmental de Savoie), elles, sont dures comme du bois.

Concernant ces croûtes toutes sèches et dures, soit tu fais comme moi et tu les mâchouilles discrètement, soit tu les intègres dans une soupe, un risotto ou une sauce.

Enfin, si tu vois des taches orange vif, jaune fluo ou des moisissures qui ne t'inspirent pas confiance, un bon grattage peut suffire. Mais si l'odeur ou l'apparence te rebutent, fais-toi confiance et passe ton chemin.

DANS LA GRANDE MAJORITÉ DES CAS, IL EST PÉCHÉ DE JETER SES CROÛTES.

C'est vraiment passer à côté de l'expérience.

Aussi, si tu tiens absolument à les enlever, fais-le avec discrétion ; car si je te vois, je t'attrape !

INTERMÈDE CULINAIRE

FONDUE D'OIGNONS ET SAINT-NECTAIRE AOP FEUILLETÉ

Par Jean Covillault & Pierre Reure, chefs privés, entre autres…
@jeancovillault @pierrereure

POUR 4 PERSONNES
PRÉPARATION 30 minutes

Pour la compotée
320 g de saint-nectaire AOP (dont 60 g de parures)
400 g d'oignons
60 g de beurre
1 botte de thym
2 gousses d'ail
Sel, poivre

Pour la salade
200 g de mesclun (jeunes pousses, ciboulette, cerfeuil, persil…)

Pour la vinaigrette
2 cuil. à café de moutarde à l'ancienne
2 cuil. à soupe de vinaigre
6 cuil. à soupe d'huile d'olive
Sel, poivre

4 rectangles de pâte feuilletée (15 cm x 4 cm)
1 machine à panini (optionnel)

★ Détaille des tranches régulières de saint-nectaire d'environ 15 cm de long pour 1,5 cm de large. Réserve au frais. Coupe les parures de fromage en petits morceaux pour les incorporer ensuite à la compotée d'oignons.

★ Émince les oignons. Fais-les revenir à feu doux dans une casserole avec le beurre, le thym, l'ail, du sel et du poivre. Laisse compoter lentement jusqu'à ce que les oignons soient bien fondants.

★ Hors du feu, incorpore les parures de saint-nectaire afin d'obtenir une pâte fondue onctueuse.

★ Fais cuire les rectangles de pâte feuilletée dans une machine à panini jusqu'à obtenir un feuilletage doré et croustillant. À défaut, place les bandes de pâte entre deux grilles pour créer un effet gondolé, puis fais cuire au four à 180 °C jusqu'à coloration.

★ Mélange le mesclun avec les herbes fraîches (ciboulette, cerfeuil, persil). Prépare une vinaigrette à base de moutarde à l'ancienne, de vinaigre, d'huile d'olive, de sel et de poivre. Assaisonne la salade juste avant de servir.

★ Dispose une tranche froide de saint-nectaire dans chaque assiette. Nappe généreusement avec la compotée d'oignons chaude au saint-nectaire pour obtenir un effet fondant. Ajoute une bande de pâte feuilletée croustillante par-dessus. Sers avec une belle portion de salade d'herbes à côté.

POIRE FARCIE AU CAMEMBERT
enrobée de lard caramélisé

Par Mathilde Ratinaud, foodista
@eatsmathilde

<u>POUR 2 PERSONNES</u>
PRÉPARATION 35 minutes

----

2 poires bio
½ camembert
10 tranches de poitrine de porc nature
Quelques noix
Miel
Poivre

★ Préchauffe ton four à 180 °C.

★ Épluche les poires mais ne retire pas la queue.

★ Creuse-les par le dessous en essayant de faire la plus petite ouverture mais en les creusant le plus possible à l'intérieur, sans percer leur chair.

★ Découpe le camembert en petits cubes et concasse les cerneaux de noix.

★ Remplis les poires avec le camembert et les noix en tassant bien pour en mettre le maximum.

★ Sur une plaque de cuisson recouverte de papier cuisson, dispose 2 tranches de lard en croix et place une poire par-dessus.
Fais de même avec la deuxième poire.

★ Rabats les tranches vers le haut puis enrobe le tout avec 3 tranches supplémentaires pour bien recouvrir chacune des deux poires.

★ Badigeonne délicatement le lard de miel.

★ Enfourne à 180 °C pendant 20 min.

★ Poivre, et sers !

ARANCINI
Champignon, cœur coulant camembert

Par Justine Piluso, cheffe itinérante, entre autres... @justine_piluso

---

POUR ENVIRON 12 ARANCINI
PRÉPARATION 1 h **REPOS** 2 h 30 à 12 h

Pour le risotto
250 g de riz Arborio
10 g de champignons séchés
1 échalote
10 cl de vin blanc sec
70 cl de bouillon de volaille chaud
20 g de beurre + 20 g pour la cuisson
50 g de parmesan râpé

Pour les arancini
150 g de camembert bien fait, coupé en dés
2 œufs
100 g de farine
150 g de chapelure fine (panko ou traditionnelle)
1 l d'huile de friture
Sel, poivre

Prépare le risotto

★ Réhydrate les champignons dans un grand bol d'eau. Quand ils ont repris du volume, dépose-les sur du papier absorbant. Ne jette pas l'eau. Filtre-la puis incorpore-la au bouillon de volaille.

★ Cisèle finement l'échalote et les champignons réhydratés.

★ Dans une sauteuse sur feu moyen, fais suer le tout dans 20 g de beurre, sans les colorer. Ajoute le riz Arborio et remue constamment, jusqu'à ce qu'il soit nacré (c'est-à-dire légèrement translucide). Déglace avec le vin blanc et laisse évaporer.

★ Ajoute progressivement le bouillon de volaille chaud, louche par louche, en remuant régulièrement jusqu'à cuisson *al dente* du riz (environ 16 min), goûte et assaisonne.

★ Hors du feu, incorpore le beurre restant et le parmesan pour un risotto bien crémeux. Rectifie l'assaisonnement si besoin.

★ Étale le risotto sur une plaque recouverte de papier sulfurisé et laisse refroidir à température ambiante. Puis couvre et réserve au réfrigérateur au moins 2 h (ou idéalement une nuit), pour qu'il fige.

La congélation des arancini avant le panage permet une meilleure tenue à la cuisson et un cœur encore plus fondant.

Façonne les arancini

★ Prélève une portion de risotto refroidi (environ une cuillère à soupe bombée). Aplatis-la légèrement dans la paume de la main.

★ Dépose un cube de camembert au centre et referme hermétiquement en formant une boule bien serrée. Répète l'opération pour tous les arancini.

★ Dispose les arancini sur une plaque et place au congélateur pendant 30 min pour raffermir la texture et éviter qu'ils ne s'ouvrent à la cuisson.

★ Prépare trois assiettes : une avec la farine, une avec les œufs battus et une avec la chapelure.

Sers les arancini avec un condiment aux pommes ou une confiture d'oignons pour sublimer le goût du camembert.

★ Roule chaque boule d'arancini dans la farine, puis dans les œufs battus, et enfin dans la chapelure en veillant à bien enrober toute la surface.

★ Fais chauffer l'huile à 180 °C. Fais frire les arancini par petites quantités pour éviter de faire chuter la température de l'huile. Fais cuire jusqu'à obtention d'une belle couleur dorée et croustillante (environ 3 min).

★ Égoutte sur du papier absorbant et sers immédiatement.

SMASHED POTATOES AU BEAUFORT

POUR 4 PERSONNES
PRÉPARATION 15 minutes **CUISSON** 45 à 55 minutes

----

600 g de pommes de terre grenailles (ou petites pommes de terre)
2 cuil. à soupe d'huile d'olive
1 gousse d'ail (hachée ou pressée)
80 à 100 g de beaufort (râpé ou en petits copeaux)
2 oignons cébettes et/ou un bouquet de persil ou ciboulette (optionnel)
Piment d'Espelette
Sel, poivre

★ Fais cuire les pommes de terre à l'eau bouillante salée pendant 20 à 25 min, jusqu'à ce qu'elles soient tendres (vérifie avec la pointe d'un couteau). Égoutte.

★ Préchauffe le four à 210 °C, dépose les pommes de terre sur une plaque recouverte de papier cuisson. Aplatis-les doucement avec le fond d'un verre ou un presse-purée – elles doivent se fendre mais rester en un seul morceau.

★ Arrose avec l'huile d'olive. Saupoudre d'ail haché, sale et poivre.

★ Enfourne pour 20 min, jusqu'à ce qu'elles soient bien dorées et croustillantes sur les bords.

★ Sors la plaque, ajoute généreusement le beaufort râpé sur chaque pomme de terre.

★ Remets au four pour 5 à 7 min, le temps que le fromage fonde et gratine légèrement.

★ Garnis d'oignons cébettes ou d'herbes fraîches ciselées et de piment d'Espelette.

FEUILLETÉ JAMBON
Tomme de brebis et oignons confits

Par Cesar Lewandowski, chef (Bruxelles, Marseille)
@cesar_lewandowski

POUR 4 PERSONNES
PRÉPARATION 20 minutes **CUISSON** 20 minutes

Pour le feuilleté
6 tranches de jambon blanc
200 g de tomme de brebis ou comté
2 pâtes feuilletées
1 jaune d'œuf battu, pour la dorure
Sel, poivre

Pour les oignons confits
4 oignons
1 belle noix de beurre
1 trait de bière
Vinaigre de xérès (optionnel)

Prépare les oignons confits

★ Taille finement les oignons. Dans une poêle sur feu moyen, fais-les suer dans du beurre à couvert jusqu'à ce qu'ils colorent. Déglace avec la bière et laisse s'évaporer (tu peux ajouter une touche de vinaigre de xérès si tu aimes).

★ Débarrasse et laisse refroidir.

Prépare le feuilleté

★ Préchauffe ton four à 200 °C (th. 7).

★ Étale la pâte feuilletée et dispose les oignons confits, puis le jambon et finis par le fromage râpé finement. Assaisonne à ton goût.

★ Recouvre de la deuxième pâte feuilletée, badigeonne-la de jaune d'œuf et enfourne pour 20 min.

★ Sers avec une belle salade.

II.

FABRIQUE-MOI UN CHEESE

CHEESE : LE MODE D'EMPLOI

Comment passe-t-on du lait de vache (ou de chèvre, de brebis, ou d'autres bestiaux exotiques genre chamelle, si si) à ce petit bout de paradis qui trône sur ton plateau et ravit ton palais de coquinou ?

THERE WILL BE MILK

Le lait, c'est l'ingrédient principal et, à l'évidence, le plus important. Mais pas n'importe quel lait : du lait bien frais, pas un truc qui a traîné comme un fond de tasse de café froid, et surtout provenant d'animaux qui ont bien becqueté : de la bonne beuh bien fraîche, des fleurs, des plantes variées. Plus l'alimentation est riche et diversifiée, plus le lait sera expressif et plus la palette aromatique de ton cheese sera vaste, profonde, inoubliable.

L'EMPRÉSURAGE

Le p'tit cocktail de la casa

À ce bon lait, parfois légèrement réchauffé, on ajoute une bonne poignée de ferments lactiques, des bactéries sympas qui adorent bosser et acidifier gentiment leur milieu.

Puis, dans le cas de la grande majorité de nos cheeses, on ajoute de la présure animale : une enzyme magique qui vient traditionnellement de l'estomac de veau… C'est un peu gore, mais diablement efficace…

Pour les versions végétariennes ou vegan, on peut aussi utiliser des coagulants végétaux, comme des extraits de figuier ou de chardon.
Et là, mes biquettes, la magie opère : le lait coagule et devient une grosse masse gélatineuse, le fameux caillé. C'est un peu l'adolescence du lait : il ne sait plus trop s'il veut rester fluide ou devenir solide.

COUPÉ-DÉCAILLÉ

Une fois le caillé formé, place à la découpe : le fromager (ou la machine) coupe ce maxi Flanby® en morceaux plus ou moins gros pour en faire sortir le petit-lait. Plus on coupe fin, plus on expulse de petit-lait, et plus le Cheese sera sec et dur.

Exemples ?

- Pour un cheese de chèvre frais, le fromager va mettre directement le caillé dans le moule et il va s'égoutter tranquillou.
- Pour un comté, le fromager découpe le caillé façon Fruit Ninja sous cocaïne jusqu'à obtenir des grains de la taille de grains de riz.

LE BRASSAGE ET LE CHAUFFAGE : un peu d'huile de coude

Pendant que le caillé est chauffé, entre 38 et 55 °C en fonction des cheeses, le fromager brasse doucement mais sûrement pour homogénéiser la taille des grains et éviter qu'ils ne s'agglutinent. Plus ça chauffe, plus l'eau s'évapore et plus le cheese sera sec et ferme à la fin du game.

Ce duo « brassage-chauffage » est décisif : c'est là que la texture finale du cheese se dessine.

LE MOULAGE ET LE PRESSAGE

À ce stade, on verse le caillé dans des moules pour lui donner sa forme : cylindre, lingot, cœur, pyramide inversée, on se fait plaisir. Puis, selon l'objectif, on presse plus ou moins pour extraire encore du petit-lait et commencer à solidifier sérieusement la bête.

- **Un chèvre frais ?** Zéro pression.
- **Un reblochon ?** Un poids de deux kilos à l'aise.
- **Un comté ?** Cent cinquante kilos de pression mécanique dans sa che-tron.

LE SALAGE

Il se réalise à sec, en frottant le Cheese au sel, ou par bain de saumure (comme un spa salé géant). Le sel régule l'humidité, freine les mauvaises bactéries et... sublime les arômes. Il participe également à la formation de la croûte et donne du peps au goût final.

L'AFFINAGE

Le Cheese est entreposé en cave où température, humidité et soins sont calibrés aux petits oignons. L'affineur retourne, frotte, masse, surveille, goûte (parfois en scred) et, surtout, ajuste son action pour accompagner le Cheese jusqu'à sa maturité parfaite. Selon les Cheeses, l'affinage dure de quelques jours... à plusieurs années.

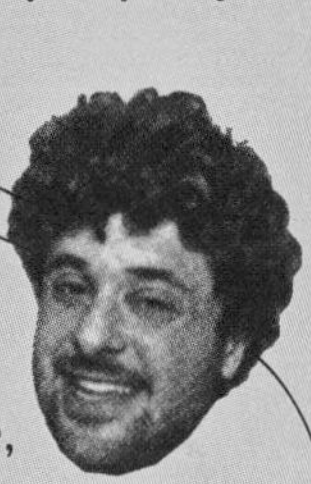

Voilà, ton Cheese est prêt !

C'était pas une promenade de santé, hein ? La prochaine fois que tu engloutiras ton crottin comme un sagouin, tu sauras tout ce qu'il aura traversé pour en arriver là et, je l'espère, tu prendras quelques secondes de plus pour le déguster et l'apprécier !

D'OÙ SORTENT LES TROUS DU CHEESE ?

Quand un enfant te posera la question, tu arrêteras, je l'espère, de répondre d'un air niais que ce sont des souris qui l'ont grignoté. Les trous, c'est une histoire de physique-chimie, purement et simplement. Alors plongeons-nous ensemble dans le mystère des trous !

AU FAIT, QUELS SONT LES CHEESES QUI ONT DES TROUS ?

À l'origine, le mot « gruyère » vient de Suisse, de la région de La Gruyère, dans le canton de Fribourg pour désigner de manière assez générique des grosses meules à pâte pressée cuite, fabriquées en montagne. Cette appellation a traversé la frontière de telle sorte qu'on appelait « gruyère » tous les fromages qui ressemblaient à ça, de telle sorte que jusque dans les années 1970, tout était gruyère : gruyère de Comté, gruyère de Beaufort, gruyère de Savoie… Aujourd'hui, quand on parle de « fromage avec des trous », on fait surtout référence à l'emmental de Savoie. Car le gruyère de France IGP n'a désormais plus que de petits trous, et le gruyère AOP suisse n'en a presque pas.

C'est piégeux, hein ?

T'AS D'BEAUX TROUS, TU SAIS ?

On a passé l'âge d'appeler ça des « trous » : on mérite mieux que ça ! Dans le monde du fromage, on parle d'« yeux » ou d'« ouvertures ». C'est plus précis, et un peu plus digne aussi.

MAIS D'OÙ VIENNENT-ILS, CES YEUX ?

Tout commence avec des bactéries propioniques (ou *Propionibacterium freudenreichii*) qui se trouvent naturellement dans le lait cru.

Pas facile à prononcer mais ça fait sensation quand on y parvient.

Ces bactéries fermentent l'acide lactique en tout un tas de composés dont du gaz carbonique. Beaucoup de gaz : jusqu'à 150 litres par meule pour une meule de 75 kg et 80 cm de diamètre. La croûte bien dure du fromage bloquant l'évacuation de ce CO_2, celui-ci s'accumule et forme des bulles, des trous, des yeux, des ouvertures, enfin ce qui te fait plaisir. Fun fact : je ne sais pas si tu l'auras déjà remarqué, mais la croûte des emmentals est très bombée. Possible que non, étant donné que ces meules de 90 kg ne courent pas les rues. Bref, c'est bien parce qu'il y a une pression énorme que la croûte est aussi bombée. Si la fermentation est trop poussée, attention : la meule peut tout simplement **exploser**.

LES EMMENTALS ONT FAILLI ÊTRE ÉBORGNÉS !

Pas plus tard que la semaine dernière, j'étais au supermarché et j'ai vu plein de morceaux d'emmental sans ouvertures. Aucune. J'te raconte pas des cracks, tu peux même voir sur mon compte @lecheesegeek la vidéo qui s'appelle « Emmental sans trous »... Ceci est une tendance générale : les emmentals perdent leurs yeux. À l'époque où la production des fromages était plus artisanale, tout un tas de trucs surnageait dans le lait, comme des particules de foin qui apportaient leur lot de bactéries propioniques. Mais avec l'ultra-hygiénisation des fabrications, le lait est devenu très, voire trop, clean. Les bactéries se font désormais trop rares et, en conséquence, les ouvertures également. Aujourd'hui, pour maximiser leurs chances de retrouver des yeux dans leurs cheeses, les fromagers ensemencent leur lait avec des bactéries propioniques cultivées en laboratoire.

Trous ou pas, entre nous, ça ne changera absolument pas le goût de ton gratin. Mais si un jour tu te retrouves face à deux meules d'emmental et que le doute t'assaille, laisse-toi guider par ce syllogisme inspirant : plus il y a de fromage, plus il y a de trous. Plus il y a de trous, moins il y a de fromage.

DONC, PLUS IL Y A DE FROMAGE... MOINS IL Y A DE FROMAGE

Mic Drop

POURQUOI LE FROMAGE, ÇA PUE ?

Aaaah le fromage, ce produit fantastique aux arômes tantôt de noisette fraîche, tantôt de foin fraîchement coupé, d'étable à la traite ou encore de… PANARD. Oui, n'ayons pas peur des mots, ce n'est ni l'heure ni l'endroit : le fromage, ça sent parfois carrément le local à ski. En haute saison.
Mais pourquoi un si délicat nectar peut-il, avec le temps et le soin délicat de fromagers passionnés, devenir une véritable « usine à gaz » ?
Pincez-vous bien les narines et partons ensemble à la découverte de l'origine de ces effluves nauséabondes.

ÇA PUE,

... et c'est tout naturel !

Pour rappel, le lait est principalement composé d'eau (~ 86 %), de matières grassouillettes (~ 5 %), de protéines (~ 4 %), de lactose (~ 4 %) et de minéraux et de vitamines.

Y'a des «~» parce que ça va dépendre de l'animal, sa race, ce qu'il a mangé, sa période de lactation, la saison...

Ces composants qui semblent relativement innocents vont, grâce à l'action de l'humidité, des enzymes, des levures, des bactéries et du temps, se dégrader et se transformer en composés volatils odorants :

★ **Les matières grasses** vont libérer des acides gras libres parmi lesquels l'acide butyrique, que l'on retrouve dans la sueur.

★ **Les protéines** vont libérer des peptides et des acides aminés parmi lesquels l'ammoniac et, j'ai encore mieux dans ma valise, la putrescine (oui) et la cadavérine (oui oui !), qui vont donner leur caractère « musqué » à certains fromages.

★ **Le lactose** va se transformer en acide lactique puis en d'autres composés volatils tels que le diacétyle, qui sent le beurre, le méthanethiol, qui apporte de délicates notes de chou cuit, ou du sulfure d'hydrogène, qui sublime le tout avec des reflets d'œuf pourri.

Hmm, vous sentez ?

ET COMME SI ÇA NE SUFFISAIT PAS, ILS LE FONT EXPRÈS EN PLUS !

Bactéries d'affinage, moisissures, soins particuliers : les fromagers disposent de plus d'un stratagème pour pousser le vice.
Prenons le cas des *cheeses* à croûtes lavées : livarot, maroilles, époisses...

On les nomme « croûtes lavées » parce qu'une fois fabriqués, les fromagers vont frotter les fromages avec des solutions liquides : eau salée, bière, marc de raisin et autres liqueurs. Ce lavage va favoriser le développement d'une bactérie qui raffole de ces ambiances humides et légèrement salées. Cette bactérie s'appelle *Brevibacterium linens*. On l'appelle aussi « ferment du rouge » parce qu'elle est... rouge, voilà, bien trouvé ! ... ou orange, enfin dans ces nuances quoi.

Mais ce n'est pas tout !

Je me dois de vous dire l'entière vérité. **Le *Brevibacterium linens***, c'est la bactérie que certains cultivent entre leurs orteils. Oui. Tes pieds, parce qu'ils transpirent trois fois plus que le reste de ton corps et qu'ils sont, en prime, confinés dans une ambiance chaude et moite qu'offrent tes savates sales, produisent abondamment du B. Linens. Tout comme le munster. Ces mots sont durs, mais tout amateur de cheese doit les lire au moins une fois.

★ ✶ ET ÇA VA ✶ ★ DE MAL EN PIS !

Le temps joue contre nos narines : plus un fromage est affiné, plus il emboucane. Et ce n'est pas un hasard ! Les processus de lipolyse (dégradation des matières grasses), de protéolyse (idem, mais pour les prot's) et de glycolyse (pour le lactose, tmtc) précités ne s'arrêtent jamais. Ils continuent. Ils évoluent. Et s'amplifient.

Plus le fromage est affiné, donc, et plus la dégradation progresse et va libérer des composés volatils qui prennent au nez. Et comme si ça ne suffisait pas, avec l'affinage, l'humidité s'évapore naturellement du fromage. Et, de fait, le fromage va se ratatiner et perdre jusqu'à 30 % de son volume.

Poursuivons notre démonstration : si l'on suit cette logique, à l'évidence, le fromage diminuant en taille, les arômes vont se concentrer, comme une sauce qui réduit en cuisine : les composés volatils se resserrent et s'intensifient, et le parfum nauséabond de ton cheese, tout pareil !

★ C'est d'ailleurs en haut de la fiche de mission de l'affineur : ses soins évoluent au fur et à mesure de l'affinage. La mise en vente est décidée au moment où le cheese est estimé à parfaite maturité, et pas trop fait.

UNE PUANTEUR BIEN ORCHESTRÉE

Derrière les effluves parfois extrêmes du fromage se cache une alchimie maîtrisée entre les composants naturels du lait et les micro-organismes que le fromager ajoute selon la tradition. Et le temps vient sublimer ce cocktail pour affirmer le caractère du cheese.

Ce n'est donc pas un hasard, c'est un art ! D'ailleurs, on ne dit pas « ça pue », mais « ça a du caractère ». Et, entre nous : c'est ça qu'on aime, n'est-ce pas ?

INTERMÈDE CULINAIRE

ŒUFS COCOTTE AU MAROILLES

Par Geoffrey Cornet, chef privé
@monsieur_keto

POUR 2 PERSONNES
PRÉPARATION 15 minutes **CUISSON** 17 à 20 minutes

2 œufs
½ oignon jaune
100 g de lard
120 g de pleurotes
Une lichette de bière
60 g de maroilles
2 cuil. à soupe de crème fraîche (60 g)
1 cuil. à soupe d'huile d'olive
1 cuil. à soupe de ciboulette fraîche hachée, pour servir
2 tranches de pain grillé, pour servir
Sel, poivre

★ Préchauffe le four à 200 °C (th. 7), sans activer la chaleur tournante.

★ Émince l'oignon, taille le lard en petites allumettes et coupe les pleurotes finement. Transfère dans une poêle avec un filet d'huile d'olive et fais revenir pendant 5 min sur feu moyen.

★ Déglace en versant la bière et laisse réduire 2 min.

★ Répartis la garniture dans le fond de deux ramequins. Casse un œuf dans chacun d'entre eux, recouvre-les avec la crème fraîche et termine par un tour de moulin à poivre et le sel pour assaisonner.

★ Dépose les tranches de maroilles sur le dessus et enfourne 10 min.

Déguste les œufs cocotte à la sortie du four en plongeant quelques tranches de pain grillé. Je te conseille également d'ouvrir les fenêtres pour la fragrance maroilles.

FLAMICHE AU PAVÉ DE CASSEL

Par Édouard Chouteau, chef du restaurant La Laiterie (Lambersart), entre autres...
@edouardchouteau

POUR 4 PERSONNES
PRÉPARATION 30 minutes **CUISSON** 15 minutes

----

250 g de pavé de Cassel taillé en gros cubes d'environ 5 mm sur 5 mm

Pour la pâte à brioche
½ cube de levure boulangère fraîche
1 tasse à café de lait
150 g de farine
½ pincée de sel
1,5 cuil. à soupe bombée de sucre en poudre
50 g de beurre tendre
½ œuf

Pour l'appareil à crème crue
80 g de crème crue fermière
1 jaune d'œuf
Poivre

Prépare la pâte à brioche

★ Émiette la levure et incorpore-la dans une tasse à café de lait réchauffé au préalable à environ 40°C. Touille quelques secondes afin de bien la dissoudre dans le lait.

★ Dans un saladier, mélange à sec la farine, le sel et le sucre.

Fais ramollir le beurre et coupe-le en petits morceaux directement dans le mélange, puis incorpore-le à la main jusqu'à obtenir une texture sablée.

★ Fais un puits dans le mélange et ajoute l'œuf et le mélange de levure et de lait.

★ À l'aide d'une cuillère à soupe, incorpore progressivement les nouveaux ingrédients, jusqu'à obtenir quelque chose d'assez homogène, sans trop insister.

★ Termine en pétrissant légèrement à la main. Si c'est trop mou, trempe tes deux mains dans un peu de farine avant de travailler la pâte.

Prépare l'appareil à crème crue

★ Mélange 80 g de crème crue fermière avec 1 jaune d'œuf et réserve.

Prépare la flamiche

★ Préchauffe le four à 180 °C (th. 6).

★ Moule la pâte à brioche en une boule d'approximativement 20 cm et laisse reposer quelques minutes.

★ Prépare un moule à tarte avec du papier cuisson. Transfère le pâton dans le moule et fonce-le du bout des doigts pour que la pâte recouvre tout le moule.

★ Précuis la pâte à brioche avec des poids pendant 3 min.

★ Répartis le pavé de Cassel taillé en cubes d'environ 5 mm, puis recouvre de l'appareil à crème crue. Enfourne pendant 10 min.

★ Ajoute un tour de moulin de poivre par-dessus à la sortie du four.

★ Sers tiède avec une salade d'endives.

MOZZARELLA AU SIPHON, gelée de tomates, fraises et citron vert

Par Fanny Herpin, cheffe du restaurant Le Camondo (Paris)
@cheffe.fanny

POUR 4 PERSONNES
PRÉPARATION 1h CUISSON 1h

Pour le siphon de mozzarella
200 g de mozzarella
5 cl de lait entier, tiède
10 cl d'eau de la mozzarella
2 feuilles de gélatine
1 g gomme xanthane

Pour la gelée de tomates
150 g de tomates green zebra
50 g de feuilles de basilic frais
200 g d'eau
3 feuilles de gélatine
8 fraises ciflorette
Sel fin

Pour le dressage
Le zeste de 1 citron vert bio
Huile d'olive
Feuilles de capucine

Matériel
Un siphon et deux cartouches de gaz
Une centrifugeuse

Prépare le siphon de mozzarella

★ Fais doucement chauffer la mozzarella et le lait, puis transfère dans le bol d'un mixeur. Mixe à petite vitesse. Une fois le mélange homogène, ajoute l'eau de mozzarella filtrée.

★ Fais ramollir les feuilles de gélatine dans de l'eau froide avec des glaçons, puis ajoute-les au mélange. Ajoute le xanthane et mélange bien. Laisse refroidir.

★ Transvase dans le siphon avec 2 cartouches de gaz.

Prépare la gelée de tomates

★ Coupe les tomates en 4 puis passe-les à la centrifugeuse avec les feuilles de basilic.

★ Ajoute 200 g d'eau et une pincée de sel fin.

★ Fais ramollir les feuilles de gélatine dans de l'eau froide avec des glaçons, puis ajoute-les au mélange. Fais chauffer légèrement la préparation pour que la gélatine fonde, puis passe le tout au chinois.

★ Taille les fraises et dispose-les dans une assiette creuse.

★ Attends que la gelée soit tremblotante puis coule-la à hauteur des fraises.

★ Laisse refroidir minimum 1 h au frais.

Dresse

★ Secoue le siphon, puis forme une belle boule de siphon de mozzarella sur la gelée de tomates.

★ Verse un filet d'huile d'olive et un zeste de citron vert.

★ Dépose une feuille de capucine et déguste aussitôt.

SCONES À LA FETA

Par Lauren, foodista @laurenbouffe

POUR 8 À 10 SCONES
PRÉPARATION 25 minutes **CUISSON** 15 minutes

Pour les scones
230 g de farine
½ cuil. à café de levure chimique
2 cuil. à soupe d'huile d'olive
2 cuil. à soupe d'huile réservée des tomates séchées
90 g de feta, en petits cubes
10 olives noires, dénoyautées et hachées grossièrement
8 à 10 tomates séchées, égouttées et coupées en petits morceaux
1 cuil. à café d'origan séché (ou 1 cuil. à soupe d'origan frais)
1 œuf
2 à 3 cuil. à soupe de lait (ajuste si besoin) + un peu, pour dorer
Poivre noir

Pour la crème de feta à la menthe
100 g de feta
3 cuil. à soupe de yaourt grec
1 cuil. à soupe de jus de citron
1 petite gousse d'ail râpée (optionnel)
1 poignée de menthe fraîche, ciselée
Poivre
Un filet d'huile d'olive (optionnel)

Prépare les scones

★ Préchauffe le four à 220 °C (th. 7).

★ Mélange les ingrédients secs : tamise la farine et la levure dans un saladier. Incorpore l'huile ainsi que l'huile réservée des tomates séchées. Tu dois obtenir une texture assez friable rappelant la chapelure.

★ Incorpore délicatement les cubes de feta, les olives noires, les tomates séchées et l'origan.

★ Dans un petit bol, bats à la fourchette l'œuf et le lait. Verse la moitié de ce mélange dans les ingrédients secs.

★ Mélange à la main pour rassembler les ingrédients. Ajoute progressivement le reste de l'œuf et du lait jusqu'à obtenir une pâte souple mais non collante. Sois léger dans le pétrissage : la pâte doit être juste homogène.

★ Sur un plan de travail légèrement fariné, étale la pâte sur une épaisseur de 2,5 cm. Découpe les scones à l'aide d'un emporte-pièce de 5 cm de diamètre.

★ Dépose les scones en les retournant sur une plaque recouverte de papier cuisson. Badigeonne-les de lait, puis parsème un peu de feta émiettée sur chacun d'eux.

★ Enfourne la plaque en haut du four pendant 12 à 15 min, jusqu'à ce que les scones soient bien dorés.

Prépare la crème de feta à la menthe

★ Dans un bol, écrase la feta avec le yaourt grec jusqu'à obtenir une texture lisse et crémeuse.

★ Ajoute l'ail râpé (si tu aimes), le citron et la menthe ciselée, et poivre généreusement. Verse un filet d'huile d'olive pour plus de souplesse si besoin.

★ Réserve au frais jusqu'au moment de servir. Déguste sur les scones encore chauds.

OPINEL
INOX

DU CHEESE AU LAIT DE FEMME ?

C'est de loin l'article le plus lu depuis dix ans sur mon blog...

Avant tout, je te présente mes excuses si le titre de cet article a heurté ta sensibilité… ou éveillé ta libido.
La question est pourtant sérieuse : peut-on faire du cheese avec tous les laits ?
Ou doit-on continuer à s'enquiquiner avec les éternelles vaches, chèvres et brebis ?

PHYSIQUE QUASI LACTIQUE

Pour transformer du lait liquide en cheese solide, il faut obtenir du caillé par acidification ou coagulation. C'est simple : en ajoutant des bactéries lactiques ou un coagulant (type présure) au lait, tu provoques la coagulation.

Petit test maison : mets quelques gouttes de citron dans un verre de lait et observe. Des grumeaux vont se former. Hop, un caillé maison.

Comment ça marche ?

C'est grâce à une protéine magique appelée kappa-caséine. Imagine des pelotes de laine suspendues dans le lait. Quand tu ajoutes de l'acide ou de la présure, ces pelotes se déroulent et s'emmêlent entre elles, formant un gel : le caillé.

Ainsi, plus un lait contient de kappa-caséine, plus il caille bien, et plus tu peux fabriquer du cheese facilement.

LA REVANCHE DES VACHES

Alors, est-ce que tous les laits peuvent faire du cheese ?
Eh bien non. Sinon ce serait beaucoup trop simple. Seuls les laits des ruminants (ceux qui ont plusieurs estomacs, les veinards) sont riches en kappa-caséine. Donc fromageables.

Dans l'équipe des champions, on retrouve :

- les vaches, chèvres, brebis, bufflonnes (nos classiques) ;
- les chamelles (eh oui !), rennes, dris (femelles du yak) et zébus.

Tous ces laits sont dits caséineux, et ils sont parfaits pour fabriquer du cheese.
En revanche, les autres mammifères (cochons, ânes, baleines… humains) produisent un lait albumineux, pauvre en caséine.
Résultat : ça ne coagule pas bien, ça fait une bouillasse mollassonne, pas un beau cheese.
Pas de munster d'hamster en vue, ni de brie de Melynx…

QUID DE LA FEMME QUI RIT ?

Aux dernières nouvelles, nos mères ne sont pas des vaches. Le lait maternel est donc trop peu caséineux pour former un vrai caillé solide.
Mais certains esprits curieux n'ont pas résisté à tenter l'expérience. En 2011, l'artiste Miriam Simun a exposé à New York trois cheeses réalisés à partir de lait de femmes new-yorkaises (et d'une femme du Wisconsin, pour l'effet terroir).
Résultat, ces produits étaient plus proches de la ricotta que du comté : des textures fraîches, friables, très éloignées des Cheeses affinés.
Le chef Daniel Angerer, lui, a publié une recette de « cheese maison » à base du lait de… sa femme, mélangé à 50 % de lait de vache pour que ça caille mieux.
En Angleterre enfin, le glacier The Icecreamists® proposait en 2011 la Baby Gaga : une glace au lait de femme, parfumée à la vanille et au citron.
Tarif : £19,99 le pot. (Sérieusement.)

Il est donc impossible de faire un good old livarot ou un beaufort avec du lait maternel… et c'est probablement mieux comme ça. Mais la science progresse et l'esprit humain a tendance à se tordre donc, qui sait ?, on se retrouvera peut-être un jour à partager un bon gratin de patates au sein-nectaire bien crémeux ?

LE SECRET D'UN BON CHEESE ?

Par bon cheese, j'entends bon au goût. Et ça, tu t'en doutes, c'est tout personnel. Reconnaissons quand même certaines tendances, comme la texture, la complexité aromatique, l'équilibre des saveurs, la rondeur ou encore la longueur en bouche.
Bref, toutes ces petites choses qui font qu'un Kiri® est – de notoriété publique – un peu moins marquant qu'un beaufort chalet d'alpage.
Alors, qu'est-ce qui fait la différence entre un cheese qui te fait lever un sourcil d'émotion et un autre qui tombe à plat ?

BEUH, FLEURS ET CARESSES

Un bon lait, c'est comme un bon film : si ton scénario est pourri, tu pourras mettre tout le casting et les effets spéciaux du monde, tu feras quand même un nanar.
Le point de départ, c'est un animal bien nourri, bien traité, peinard dans son pâturage. Plus son alimentation sera variée et naturelle, plus le lait qu'il produira sera expressif.

Une vache qui passe ses journées en alpage à brouter plus d'une centaine de fleurs et de plantes différentes donnera un lait blindé d'arômes. Pareil pour les chèvres du Rove qui crapahutent dans la garrigue à grignoter thym, sarriette et mille herbes sauvages.
À l'inverse, une chèvre assignée à résidence dans une étable à croquer de la tourte de soja fera un lait plat comme la main.
Et puis il y a la question du bien-être. Un animal stressé, mal nourri ou mal soigné ne fera jamais un grand lait. Je fais partie de ceux qui pensent qu'une vache heureuse donne un meilleur lait. Et ce n'est pas juste une jolie image pour brochure écolo : c'est prouvé.

DONNE-MOI DU LAIT, J'EN FERAI DE L'OR

Charles Baude-lait-re

Ensuite, il y a la main du fromager : son savoir-faire, son œil, sa patience. Travailler du lait cru, c'est s'adapter en permanence : au lait qui est différent tous les jours, à la température et à l'humidité ambiante, à la vitesse à laquelle le petit-lait s'égoutte... Tout peut varier d'un jour à l'autre !

→ La fabrication artisanale d'un camembert de Normandie, par exemple, avec ses cinq louches espacées de quarante-cinq minutes, n'est pas une coquetterie de hipster. C'est une nécessité pour respecter le rythme du caillé.

Le fromager doit ajuster son geste en permanence. C'est vivant, c'est fin, et c'est ce qui rend le cheese magique.
Je me souviens encore de ma rencontre en 2017 avec Jean-Bernard Maitia, berger-fromager du Béarn. Il m'avait raconté qu'il lui avait fallu dix ans pour réussir un Cheese qu'il jugeait enfin « à la hauteur ». Dix ans à observer, apprendre, rater, recommencer.
Et ce soin ne s'arrête pas à la fabrication : l'affinage est tout aussi crucial. C'est là, dans la cave, que le cheese développe ses vraies couleurs, ses vraies saveurs, sa personnalité unique.

LE DERNIER COUP DE PINCEAU

Pour environ 5 % des cheeses, le flambeau passe ensuite au crémier-fromager.
Un bon crémier ne devrait pas se contenter d'acheter et de revendre. Sinon, il ferait mieux de vendre des t-shirts « Vodka Connecting People » au marché sur la place du village...
Comme le dit le grand crémier-fromager alsacien Bernard Antony, un bon crémier-fromager « élève » ses cheeses : il doit les accompagner, les révéler, les pousser à leur apogée.
Il peut décider de faire crémer un pélardon, d'endurcir un pont-l'évêque ou de transformer un saint-nectaire en bête velue.

À l'inverse, il existe aussi des fromagers qui abandonnent leurs cheeses en vitrine, les laissant crever sous cellophane, comme des plantes en pot jamais arrosées.
Malheureusement, tant que ça brille et que personne ne dit rien, ça passe.
Entre un cheese élevé avec amour et un cheese abandonné sous plastique, il y a autant de différences qu'entre Johnny Hallyday et son sosie Johnny Vacances du marché de Niort.

Un grand cheese,
ce n'est pas un hasard
au tirage : c'est
du temps, du soin,
de l'humilité, du talent.
Et tout ça a un prix.

★★★

Mais un vrai cheese,
c'est comme un grand voyage :
un coût qu'on oublie vite
une fois qu'on l'a vécu.

III.

SANTÉ ! MAIS PAS DES PIEDS...

CHEESE ET SANTÉ : JE T'AIME, MOI NON PLUS

Un jour, on te dit que c'est un superaliment, et le lendemain que c'est une bombe de gras salée qui te bouche instantanément l'aorte. Faisons fi des discours des lobbyistes en bottes de caoutchouc et des nutritionnistes croque-carottes, et posons la question calmement : le Cheese est-il bon pour la santé… ou pas ?

DU LAIT SOUS STÉROÏDES

J'espère sincèrement que tu as retenu que l'ingrédient principal du cheese, c'est le lait. Le lait de vache, c'est environ 87 % d'eau, 5 % de glucides (lactose = sucre), 4 % de matières grasses, 3 % de protéines, une pincée de sel, du calcium et des vitamines (A, B2, B12, D…).

Et le cheese, pour la faire croûte, c'est du lait dont on a retiré une grosse partie de l'eau pour ne garder que le solide.
En d'autres termes : du lait concentré, mais pas en tube.
Prenons deux cheeses bien différents pour comprendre ce qu'ils ont dans le bide :

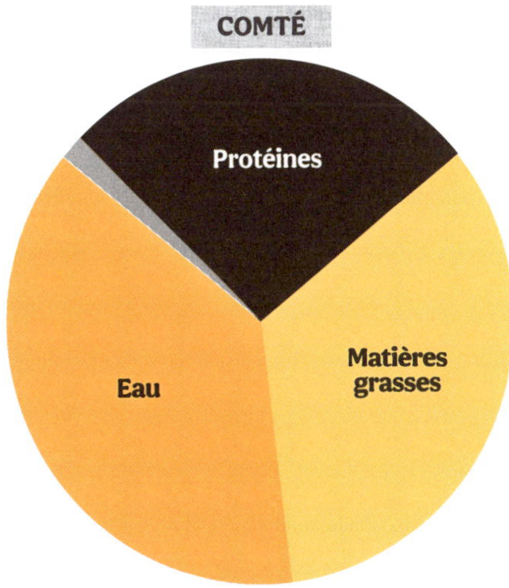

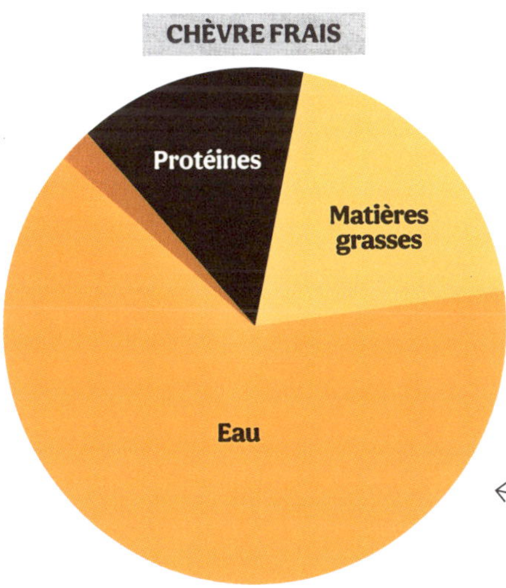

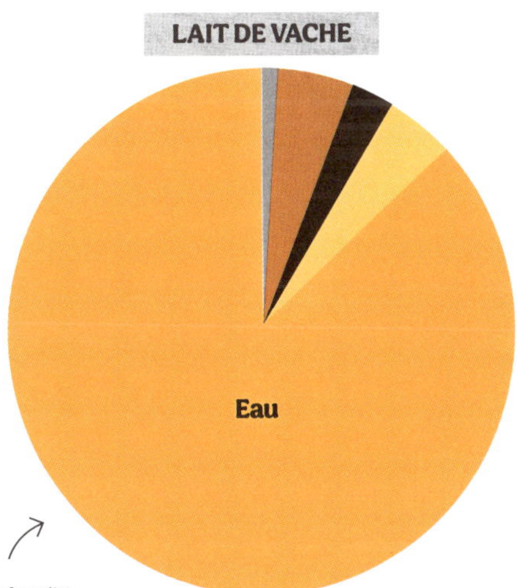

Moins y'a d'eau, plus y'a de nutriments, tu captes ?

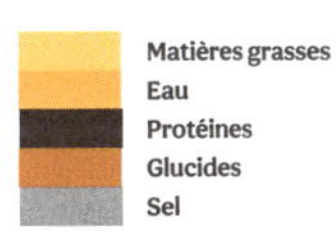

LES BIENFAITS À LA LOUCHE

Prenons l'exemple consensuel d'un morceau de 30 grammes de comté 12 mois d'affinage :

NUTRIMENTS	POUR 30 G DE COMTÉ 12 MOIS D'AFFINAGE	% APPORTS JOURNALIERS RECOMMANDÉS*	ÉQUIVALENT
Énergies (calories)	123 kcal	~ 5%	1 cuillère à soupe bombée de beurre de cacahuète
Matières grasses	10 g	~30 %	Une cuisse de poulet rôtie (sans la peau)
Protéines	8 g	~ 15%	Un p'tit œuf
Calcium	360 mg	~ 36%	1 grand verre de lait
Sel	0,24 g	~ 5%	Une pincée
Glucides (lactose)	< 0,03 g	Pouet	Re-pouet

pour un bobo parisien de 30 ans qui fait du vélib'

Tous ces nutriments sont naturels et bienvenus pour ton corps :

- ★ **les matières grasses (saturées)** aident à fixer les vitamines et à réguler ton énergie (et à sculpter de magnifiques poignées d'amour) ;
- ★ **les protéines**, complètes et digestes, renforcent ta masse musculaire et réparent ton petit corps tout mou ;
- ★ **le calcium** fortifie les os, renforce les dents et apaise ton système nerveux.
- ★ **les vitamines A, D, E et K** (ma préférée) boostent ton organisme sur tous les fronts.

Petite particularité bienfaitrice supplémentaire concernant les cheeses au lait cru : ils regorgent d'une joyeuse faune de **micro-organismes** prête à cajoler ta flore intestinale.

N'EN FAIS PAS TOUT UN PLAT !

J'aime bien cette phrase du journaliste américain Alexander Woollcott : « All the things I really like to do are either immoral, illegal or fattening*. » Le cheese coche la troisième case, sans surprise. Même s'il pourrait être tentant de vivre d'amour et de roquefort, c'est non. Le cheese reste un aliment gras, salé et calorique.

Rappelle-toi :

Un petit morceau de 30 g de comté couvre déjà près de 30 % de tes besoins quotidiens en matières grasses.
Alors, si tu enchaînes les morceaux sous prétexte que « c'est du bon gras », tu risques vite de pouvoir tartiner ton cholestérol au petit-déj.

★ ★ ★

L'ANSES** recommande de ne pas dépasser 40 g de cheese par jour pour un adulte moyen.
Ça correspond à une belle part de camembert ou une jolie tranche de tomme.

Donc : pas de demi-meule au goûter.

★ On l'a compris : le Cheese n'est ni un super-héros, ni un poison.

Comme disent les Espagnols : « A piece of cheese of day keeps the doctor away!*** »
Quand c'est bien dosé : c'est bon pour le corps et surtout, pour le moral !

*Tout ce que j'aime est soit illégal, soit immoral, ou alors ça fait grossir.
**Agence nationale de sécurité sanitaire de l'alimentation, de l'environnement et du travail ; c'est un établissement public.
*** Un morceau de fromage par jour éloigne le médecin

JE SUIS INTOLÉRANT AU LACTOSE, C'EST GRAVE DOCTEUR ?

Disclaimer : je ne suis ni médecin, ni nutritionniste, ma blouse blanche n'est qu'un habit de lumière.
Je suis juste un passionné de cheese qui a quelques potes aux tuyaux fragiles, et qui s'est un peu renseigné pour leur venir en aide.
Voici donc un petit guide de survie pour les amoureux de cheese à l'estomac capricieux.

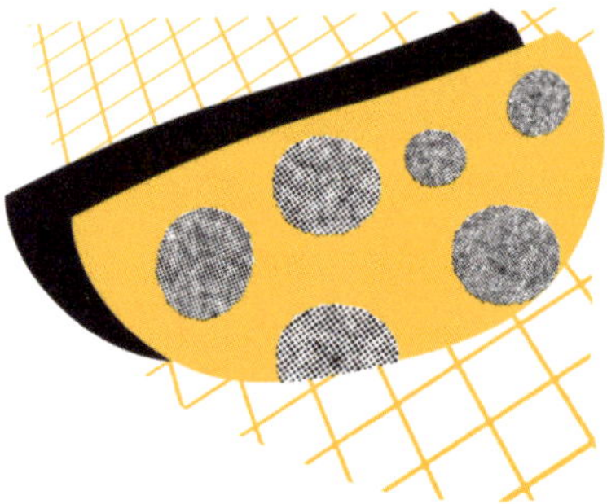

PAS FAITS POURS'ENTENDRE

Commençons par la base. Être intolérant, ce n'est pas être allergique.
Alors qu'une allergie peut t'envoyer à l'hosto sans passer par la case toilette, l'intolérance, elle, est certes plus sournoise, mais aussi moins dangereuse.
L'intolérance, c'est quand ton corps galère à digérer un composant, ici le lactose. Ça fermente, ça gonfle, ça vrombit, ça sent pas la rose trémière... un schéma n'est pas nécessaire !
Dans notre cas, le lactose, ce sucre naturel qui compose environ 5 % du lait, nécessite, pour qu'il soit bien digéré, que notre corps produise une enzyme particulière : la lactase.
Sauf que. Chez certaines personnes, souvent en grandissant, cette lactase disparaît, diminue ou fait la grève.

Résultat : le lactose n'est pas digéré, il fermente dans les intestins, et c'est la cacastrophe...
Chaque intolérant est unique : certains tolèrent encore un peu de Cheese bien affiné, d'autres doivent fuir toute trace de produit laitier comme la peste.

Dans tous les cas, les intolérants doivent éviter en priorité :

- **le lait frais**, qu'importe la bestiole ;
- **les Cheeses très jeunes ou frais** (cheese blanc, faisselles, ricotta, mozzarella, et tous les petits trucs blancs qui brillent) ;
- **les Cheeses transformés** type Kiri®, Vache qui rit®, les sauces fromagères...

LES BONS AMIS (pour la vie)

Bonne nouvelle : tout n'est pas perdu. Certains cheeses sont naturellement plus compatibles avec ta plomberie interne.

Grâce au travail des bactéries lactiques, qui transforment le lactose en acide lactique, et à l'égouttage du petit-lait lors de l'affinage, le taux de lactose fond littéralement. Un vieux comté ou un bon parmesan, c'est moins de 0,1 % de lactose !
Autre point important : contrairement à une idée reçue, le lait de brebis contient autant de lactose que celui de vache. Il ne faut donc pas tout miser sur lui !
Le lait de chèvre possède un taux un peu plus bas (entre 4 et 4,5 % contre 5 % pour la vache) , mais comme beaucoup de cheeses de chèvre sont consommés frais, ça n'aide pas beaucoup dans notre histoire.

Si tu veux vraiment mettre toutes les chances de ton côté, il existe une solution (presque) magique : la gélule de lactase. Ce petit complément alimentaire sous forme de cacheton contient pile-poil l'enzyme qui te fait défaut.
Tu le gobes avant d'attaquer ton plateau et ça repart comme en 40 : une fondue de l'enfer peut redevenir ta meilleure pote.
Attention cependant : les gélules de lactase aident en cas d'intolérance au lactose, mais pas en cas d'allergie au lait. Si tu es allergique, ne joue pas au chimiste et renseigne-toi auprès de ton médecin

PLANS B
pour un bidou safe

Quand ça ne passe vraiment pas, faut pas insister. Heureusement, il existe quelques plans B plus ou moins sexy.
Certaines marques proposent des cheeses garantis sans lactose. Par exemple, la marque allemande MinusL© propose du lait, du beurre, des cheeses tartinables et des tranches type gouda sans lactose ajouté. Côté goût, c'est clairement pas la même émotion qu'un bon cheese dans les règles, mais ça fait le taff...
Sinon, il existe les « vromages » : les Cheeses vegan.
Des marques comme Jay&Joy©, Tomm'Pousse© ou Les Nouveaux Affineurs© remplacent le lait animal par des noix de cajou, de l'amande ou du lait de coco, fermentent tout ça, et obtiennent parfois des résultats bluffants.

Ces alternatives sont hyper intéressantes, que ce soit pour les intolérants, les allergiques, les écolos ou tout simplement pour varier son alimentation.
Attention quand même : beaucoup de ces vromages contiennent des fruits à coque, auxquels certains sont allergiques.
Si, après toutes ces alternatives, tu ne trouves toujours pas ton bonheur... il te reste le riz blanc cuit pour l'apéro !

On ne va pas se mentir, être intolérant au lactose quand tu aimes le cheese, c'est la tuile.
C'est comme adorer le karaoké mais naître suisse-allemand et muet.
Grâce à ce petit guide, tu peux au moins recroiser le regard d'un vieux comté et lui promettre monts et merveilles, l'œil brillant.

LE POURRI, C'EST OK ?

Le Cheese, c'est pas un bibelot sous cloche.
C'est vivant, ça respire, ça vieillit, ça bouge parfois un peu en freestyle.
Et, franchement ? C'est ce qui fait toute sa magie.
Alors, avant de dégainer ta poubelle au premier signe de moisissure, pose ton couteau, respire un coup... et lis ce qui suit.

★ ★ ★ ★ ★ ★ ★ ★ ★ ★ ★ ★ ★

DU POURRI SOUS CONTRÔLE

★ ★ ★ ★ ★ ★ ★ ★ ★ ★ ★ ★ ★

Un Cheese, c'est du lait qui a tourné... mais dans les règles de l'art.

Grâce à des bactéries, des levures et des moisissures bien choisies, le lait se transforme : le lactose devient acide lactique, les arômes se développent, les croûtes fleurissent.

Et derrière, les artisans-fromagers ne laissent rien au hasard : ils envoient volontairement des agents secrets – bactéries, moisissures spécifiques, levures amies – pour construire la texture et le goût.
Si ton Brie de Melun prend de petites taches brunes, si ton Roquefort bave un peu ou si ton crottin vire au vieux papier crépon, c'est plutôt bon signe : la vie continue, l'affinage travaille.

De mon humble avis, entre un Cheese vivant et un machin industriel sous vide façon semelle de basket, y'a pas photo.
Le pourri contrôlé est donc ton pote. Cependant, toutes les moisissures ne sont pas bonnes pour autant.

patience, on y vient !

DE PAIR AVEC TON FLAIR

Avec le temps, ton Cheese devient plus crémeux, plus parfumé, un peu plus sauvage aussi.

Sa croûte peut grisonner, bleuir, rosir légèrement. Son odeur va s'affirmer, parfois avec une petite pointe d'ammoniac en fin d'affinage. Tout ça, c'est normal. C'est la vie. Si tu vois de petites taches aux couleurs cohérentes, localisées, pas de souci : gratte gentiment avec la pointe du couteau et fonce. Ton nez est ton premier garde du corps : tant que ça sent bon (ou fort mais bon), tu peux y aller. En revanche, si un jour ton camembert t'attaque à l'ouverture comme une bombe lacrymo, pose ton couteau immédiatement et recule calmement.

De même, si la texture devient gluante, huileuse, ou si ton crottin prend la couleur d'un surligneur (vert pétard, orange fluo, rose Barbie), lâche une petite prière discrète et rends ton cheese à Pachamama.

UN PEU DE RESPECT !

Un Cheese, même warrior, reste fragile.
Si tu l'étouffes dans un plastique étanche avant de le ranger, que tu le laisses liquéfier au soleil, ou que tu l'oublies cinq jours à l'air libre, faut pas s'étonner de voir débarquer les ennuis.

Les bons réflexes :

★ stocke-le au frais, entre 6 et 8 °C ;

★ utilise un papier spécial ou une boîte aérée (pas une camisole en cellophane) ;

★ sors-le une heure avant dégustation pour le réveiller, mais pas la journée entière.

Autrement, de joyeux compagnons moins cool peuvent s'inviter : Listeria, Salmonella, E. coli O157...
Pas garanti, mais assez pour transformer ton brunch en véritable catastrophe...

Un Cheese qui pue, qui sue, qui change de tête, c'est normal.
C'est même pour ça qu'on l'aime.

Si tu veux du figé et du muet, prends un Babybel©... ou un silex !

INTERMÈDE CULINAIRE

GNOCCHIS FOURRÉS AU MORBIER, sauce verte

Par Garance Jonquois, foodista
@lacuisinedegarance

POUR 2 PERSONNES
PRÉPARATION 45 minutes **CUISSON** 23 minutes

Pour les gnocchis
450 g de pommes de terre
150 g de morbier
1 jaune d'œuf
150 g de farine

Pour la sauce verte
1 botte de basilic
1 poignée de roquette
1 gousse d'ail
3 cuil. à soupe d'huile d'olive
Sel, poivre
Pignons de pin (optionnel)
Quelques pousses de roquette (pour le dressage)

Prépare les pommes de terre

★ Épluche les pommes de terre et coupe-les en gros morceaux. Plonge-les dans une casserole d'eau froide (pour garder une chair bien ferme).

★ À la première ébullition, compte 20 min.

Prépare la sauce verte

★ Pendant la cuisson des pommes de terre, mixe du basilic et de la roquette avec une gousse d'ail, du sel, du poivre et un filet d'huile d'olive. Mets de côté.

Prépare la pâte à gnocchis

★ Une fois les pommes de terre cuites, écrase-les avec un presse-purée. Ajoute un jaune d'œuf, du sel et du poivre.

★ Mélange bien, puis ajoute la farine en deux fois : une première partie en mélangeant à la cuillère, puis travaille la pâte à la main avec le reste de la farine jusqu'à obtenir une belle boule souple et non collante.

Façonne les gnocchis

★ Coupe le morbier en petits dés.

★ Prends une petite boule de pâte de gnocchis, fais un creux au centre, insère un morceau de fromage, puis referme bien pour former une petite boule.

Fais cuire les gnocchis

★ Plonge les gnocchis dans de l'eau bouillante salée pendant 2 à 3 min (ils sont prêts quand ils remontent à la surface).

★ Égoutte-les, puis fais-les sauter dans une poêle avec un peu d'huile pour les dorer légèrement.

★ Dépose un peu de sauce verte dans le fond de l'assiette, dispose les gnocchis par-dessus, ajoute un tour de moulin à poivre, quelques pousses de roquette et des pignons de pin pour la touche finale.

GAUFRES AU CHÈVRE FRAIS ET MIEL

POUR 6 GAUFRES ENVIRON

PRÉPARATION 15 min **REPOS** 15 à 30 min **CUISSON** 30 min

----

200 g de farine
1 sachet de levure chimique (10 g)
2 œufs
30 g de beurre fondu
25 cl de lait
1 pincée de sel
150 g de chèvre frais (type Petit Billy®)
6 cuil. à soupe de miel liquide
Quelques noix
Poivre

★ Dans un saladier, mélange la farine, la levure et le sel.

★ Ajoute les œufs, puis le lait progressivement en fouettant.

★ Incorpore le beurre fondu, un généreux tour de moulin poivre et le chèvre émietté.

optionnel mais recommandé

★ Laisse reposer la pâte 15 à 30 min.

★ Préchauffe le gaufrier et huile légèrement les plaques.

★ Verse une louche de pâte et fais cuire jusqu'à ce que les gaufres soient bien dorées et croustillantes.

★ Arrose chaque gaufre d'une cuillerée de miel.

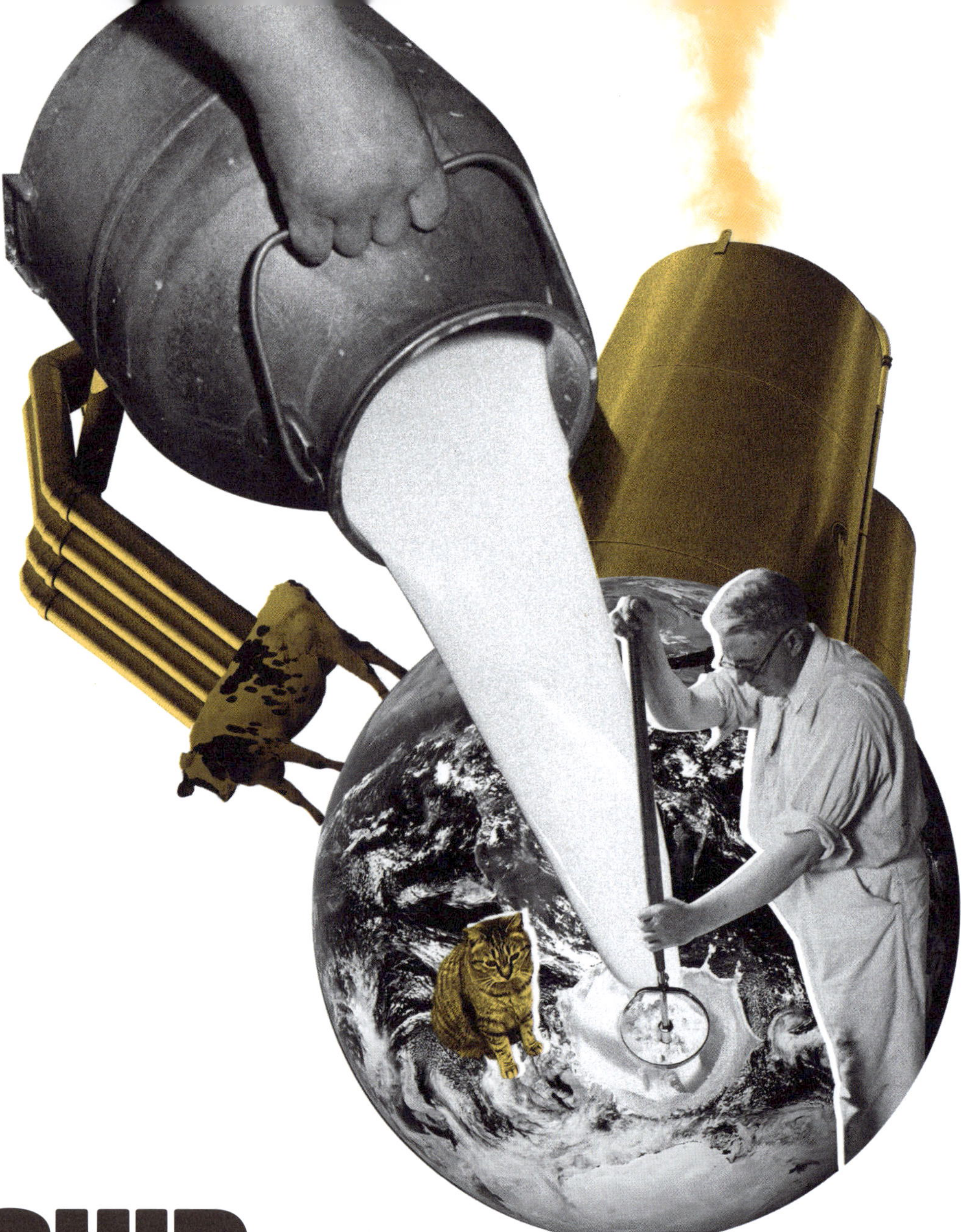

QUID DE L'IMPACT SUR NOTRE PLANÈTE ?

Comme tout produit alimentaire, la production du Cheese a un impact sur l'environnement. Mais avant de balancer ton crottin à la poubelle ou de jurer fidélité au boulgour, on va voir ça tranquille, sans culpabiliser.
Parce que, comme pour tout, il est important de nuancer.

MÉCHANT CHEESE

La vérité, c'est qu'à partir du moment où tu élèves un animal, tu as un impact.
Les vaches, ça pète, ça rote, ça fait du méthane. Beaucoup même : environ 100 à 120 kilos de méthane par an chacune. Mais ça serait réducteur (et un peu puérile j'avoue) de croire que les prouts sont les premiers au banc des accusés.
Le vrai problème, c'est tout ce qu'il y a autour, et ce que tout ce que les animaux ingurgitent : de l'eau (jusqu'à 100 litres bus par vache chaque jour), les surfaces cultivées, les céréales, le tourteau de soja venu tout droit d'Amérique du Sud.
Oui, en fin de bouche, ton camembert industriel a des notes de forêt amazonienne rasée…
Quand l'élevage devient intensif, industriel, gavé de soja OGM, en batterie, oui : c'est moche pour la planète.
Quand, en prime, ton Cheese fait trois fois le tour du monde en avion sous plastique avant d'arriver dans ton frigo, ça pique.

GENTIL CHEESE

Sans vaches, sans chèvres, sans brebis, nos campagnes auraient une sacrée sale gueule.
Imagine la Suisse ou l'Aubrac sans pâturages, sans murets en pierre, sans vaches qui mâchouillent : juste des ronces, du béton ou du maïs à perte de vue…
Historiquement, c'est grâce aux bergers, aux paysans, aux moines que nos paysages ressemblent à ce qu'ils sont.
Car oui, les animaux ça pète, certes, mais en passant ça débroussaille, ça entretient et ça fertilise naturellement avec un petit coup de bouse bien placé. Ça peut même éviter les incendies.
Aujourd'hui encore, un élevage extensif, raisonnable, qui respecte les saisons et les sols, c'est pas un problème : c'est une solution.
Ça stocke du carbone dans les prairies, ça maintient la biodiversité, ça fait vivre des terroirs.
Franchement, quand on se demande ce qui vaut mieux entre un pâturage vivant et un champ de maïs transgénique, la question elle est vite répondue.

DEUX POIDS, DEUX M'SURES

De fait, il y a cheese… et cheese.

Le camembert de grande surface sous plastique, fabriqué en batterie avec des vaches nourries au soja et entassées comme des sardines, ça flingue la planète. Tandis qu'un bon crottin de Chavignol fermier, fait avec amour, par des bêtes qui bouffent de l'herbe fraîche, ça entretient le paysage, stocke du carbone dans les sols, et donne du boulot à tout un tas de gens.

De plus, fabriquer du fromage artisanal, ce n'est pas hyper énergivore. Pas besoin de raffineries, de pipelines ou de centrales nucléaires. Un peu de lait, quelques ferments, du temps, de la patience, une cave qui sent un peu la chaussette… et basta. Alors oui, ton cheese a une empreinte. Mais tout dépend de la tête du cheese que tu choisis de mettre dans ton panier.

Comme à peu près tout ce qui est vivant, ton Cheese a un coût pour la planète. Pas besoin de devenir un moine tibétain vegan pour autant, mais seulement de t'informer, de comprendre et choisir en conscience si tu veux soutenir un paysage vivant ou une usine à fromage sous cellophane.

PEUT-ON CHEESER QUAND ON EST ENCEINTE ?

« Mais, enceinte, on peut toujours manger du cheese... Hein ? » Sous-entendu : on a le droit ? C'est dangereux ? interdit ? autorisé ?
Quand un polichinelle s'installe dans le tiroir, le cheese devient subitement un objet de débat.

LE GRAND DÉBAT

Alors, peut-on manger du cheese enceinte ? Ben... oui. Les femmes enceintes ont toujours une bouche, des dents, un palais, et parfois une envie indécrottable de crottin bien affiné.
Donc, techniquement, elles peuvent.
La vraie question est donc : peut-on en manger sans risque ?
Et c'est là que les choses se compliquent.
Parce qu'entre la grand-tante qui alerte sur les méfaits d'une branche de coriandre mal lavée et le pote qui jure que quand sa cousine était enceinte elle se nourrissait exclusivement de selles-sur-cher, difficile d'y voir clair.
Ajoutez à ça les forums, les applis de grossesse et les articles qui se contredisent, et vous obtenez un cocktail de confusion assez indigeste.
Le but du jeu est ici de comprendre ce qui est officiellement déconseillé, ce qui est considéré comme sûr, et comment faire ses choix de manière éclairée – sans basculer dans la parano ou, à l'inverse, dans l'insouciance.

LE MINISTÈRE EST CLAIR

Le ministère de l'Agriculture et de la Souveraineté alimentaire, en lien avec le ministère de la Santé, recommande distinctement d'éviter les cheeses au lait cru pendant la grossesse.

Voici ce qu'on peut lire sur le site officiel du ministère : « Les jeunes enfants, les femmes enceintes et les personnes immunodéprimées ne doivent pas consommer de lait cru ou de fromages au lait cru. » Ce pour une simple raison : ils pourraient contenir des bactéries pathogènes.

L'ennemi à abattre : la listeria, qui peut être mortelle pour le fœtus en provoquant une fausse couche ou une infection prénatale sévère (et ça, on ne veut pas).
Sur le banc des accusés, on trouve également les méchantes salmonelles (pourvoyeuses d'intoxications alimentaires, diarrhées, déshydratation...) et *Escherichia coli* (responsables d'infections urinaires sévères et SHU, maladies risquées pour la femme et le fœtus).
Je sens que j'ai cassé l'ambiance là...

Bonne nouvelle cependant ! Tous les cheeses ne sont pas « interdits ». Les femmes enceintes peuvent se faire zizir avec :

- **les cheeses à pâte pressée cuite**, même au lait cru, tels que le comté, le beaufort, l'abondance ou l'emmental. Lors de leur fabrication, le caillé est chauffé à plus de 50 °C, ce qui suffit à éliminer les bactéries problématiques ;
- **les cheeses au lait pasteurisé.** La pasteurisation consiste à chauffer le lait à 72 °C pour tuer les bactéries. Pour les repérer, c'est simple, soit le crémier-fromager sait, soit il est précisé « lait pasteurisé » sur l'étiquette ;
- **les cheeses cuits ou fondus** sont OK pour les mêmes raisons. Tartiflette, une fondue savoyarde, suisse, une raclette bien coulante ? Allez-y fucking gaiement ladies !

QUELQUES CHEESY TIPS

Selon Christophe Chassard, chercheur à l'INRAE, le risque de choper une listériose est quasiment le même avec un Cheese au lait cru qu'un cheese au lait pasteurisé.

J'ai cependant le regret de vous annoncer que, bien que le risque soit vraiment minime, il n'est jamais nul. Au-delà de la liste de cheeses précitée, voici trois réflexes simples à adopter pour réduire les risques :

★ **évite les cheeses à pâte molle à croûte lavée** (maroilles, époisses), à croûte fleurie (brie de Meaux, chaource), les pâtes persillées (roquefort) et les fromages trop frais ou humides. Au lait cru ou au pasteurisé donc ;

★ **retire toutes les croûtes**, même sur les cheeses "autorisés", car elles peuvent abriter des bactéries ;

★ **consomme rapidement tes cheeses** après achat, surtout s'ils sont à la coupe.

Le seul conseil béton que je peux donner, c'est celui-ci : en cas de doute, ne reste pas à errer entre ton frigo, Google et le Cheese Book. Appelle ton médecin, ta sage-femme, ton gynéco – un•e professionnel•le de santé qui connaît bien ton dossier.
Ah et...essaie de ne pas trop te mettre la pression, voire pas du tout, si possible !

INTERMÈDE CULINAIRE

CROQUETTES DE BLEU D'AUVERGNE
& frisotti d'automne

Par David Rathgeber, chef des restaurants L'Assiette et l'Arrière-Cuisine (Paris)
@rathgeberdavid

POUR 4 PERSONNES
PRÉPARATION 20 minutes **CUISSON** 15 minutes

Pour les croquettes
200 g de bleu d'Auvergne
80 g de farine tamisée
2 œufs
150 g de chapelure
Huile pour friture

Pour la salade d'accompagnement
1 frisée fine (partie jaune)
1 poire
40 g de noisettes entières
2 cuil. à soupe d'huile de noisette
40 g de croûtons dorés

Prépare les croquettes

★ Forme des boulettes de bleu d'Auvergne. Roule-les successivement dans la farine, les œufs battus puis la chapelure.

★ Fais frire à 170°C pendant 5 min, jusqu'à obtenir une belle couleur dorée. Réserve au chaud.

Prépare la salade d'accompagnement

★ Lave et sèche la frisée.

★ Torréfie les noisettes entières à sec dans une poêle à feu vif, puis concasse-les.

★ Coupe la poire en beaux quartiers.

★ Fais dorer les croûtons à la poêle, en versant un peu d'huile si nécessaire.

Dresse

★ Assaisonne la frisée avec un filet d'huile de noisette. Répartis les morceaux de poire, les croquettes de bleu encore chaudes, les noisettes concassées et les croûtons.

★ Ajoute une pincée de fleur de sel et un tour de moulin à poivre.

★ Sers immédiatement et régale-toi !

Pour encore plus de gourmandise, ajoute un filet de miel ou un trait de vinaigre.

SOUFFLÉ AU FROMAGE

POUR 4 PERSONNES
PRÉPARATION 20 minutes **CUISSON** 30 minutes

----

4 œufs
165 g de gruyère râpé
60 g de beurre + un peu pour le moule
60 g de farine + un peu pour le moule
40 cl de lait entier
Noix muscade
Sel, poivre du moulin

★ Beurre un moule en porcelaine à bord haut et droit de 18 cm de diamètre pour 10 cm de hauteur environ. Farine-le légèrement et place-le au frais le temps de préparer la recette.

Fais fondre le beurre dans une casserole, ajoute la farine, mélange bien puis verse le lait en fouettant jusqu'à ce que le mélange épaississe. Ajoute le fromage en plusieurs fois en mélangeant jusqu'à ce qu'il soit bien fondu.

★ Sale, poivre et muscade.

★ Sépare les blancs des jaunes d'œufs. Monte les blancs en neige ferme avec une pincée de sel.

★ Incorpore les jaunes à la béchamel.

★ Préchauffe le four à 180 °C (th. 6), chaleur tournante.

★ Incorpore délicatement les blancs en neige à la préparation puis verse dans le moule, enfourne pour 25 à 30 min. Admire le soufflé qui monte à travers la vitre du four et sers-le aussitôt, avant qu'il ne retombe.

CAKE AU ROQUEFORT ET AUX NOIX

POUR 4 PERSONNES
PRÉPARATION 15 minutes **CUISSON** 30 minutes

---

125 g de farine + un peu pour le moule
1 sachet de levure chimique
4 œufs
10 cl de lait tiède
10 cl d'huile d'olive
5 cl d'huile de noix
100 g de roquefort
50 g de noix
Beurre, pour le moule

★ Préchauffe le four à 170 °C (th. 6).

★ Dans un saladier, mélange la farine et la levure. Ajoute les œufs un à un en mélangeant bien entre chaque ajout.

★ Verse le lait tiède et les huiles puis mélange bien la préparation jusqu'à ce qu'elle soit lisse.

★ Émiette le roquefort et concasse les noix grossièrement puis ajoute-les dans la pâte. Remue délicatement à l'aide de la spatule.

★ Beurre et farine le moule puis verse la pâte dedans et enfourne pour 30 min de cuisson.

IV. DU CHEESE DANS L'PANIER

POURQUOI LE CHEESE, C'EST CHER ?

On s'accorde généralement à dire que toute bonne chose a un prix. Pourtant, quand il s'agit de cheese, ça fait souvent froncer les sourcils, lever les yeux au ciel, voire râler dans les chaumières.
« Quoi ? Quarante balles le kilo de comté 30 mois ? Quarante balles pour du lait pourri ? »
Ok, calme-toi petite pince, on va essayer de comprendre ensemble d'où ça vient.

L'OR BLANC

Un animal qui fait du bon lait, c'est un animal nourri, logé, soigné, suivi par un véto, tous les jours de l'année. Ce n'est pas juste une vache dans un pré avec trois brins d'herbe qui tombent du ciel. Et tout ça, forcément, ça coûte.
Quand tu achètes une brique de lait au supermarché, c'est souvent autour de 1 € le litre.
Pour produire 1 kg de Cheese, il faut en moyenne 10 litres de lait. Donc, avant même de parler de transformation, de caves ou de main-d'œuvre, ton Cheese, si tu devais le faire toi-même, te coûterait déjà 10 € le kilo. Rien qu'en matière première.

LABEUR ET SUEUR

Faire du cheese, ce n'est pas verser du lait dans un moule et attendre que la magie opère. Le fromager doit investir dans des machines, des cuves, des chambres froides.

Payer l'électricité (énorme poste), l'eau (énorme aussi), le personnel, les assurances, les analyses, les contrôles sanitaires. Respecter des normes de sécurité alimentaire de haut vol (HACCP* mon amour). Gérer les pertes, les saisons, les crises agricoles…
Et ce n'est pas tout : c'est aussi lui qui gère les clients, les transports, les salons pros, les plaintes, la communication, le marketing. Être fromager aujourd'hui, c'est être chef d'une PME artisanale hyper exigeante, pas juste avoir trois chèvres dans un champ. Un fromager, c'est pas un influenceur crypto.

Pour en connaître quelques-uns, je peux te le dire : ils ne roulent pas en Ferrari. Ni même en Renault Talisman full options. Ce sont des bosseurs. Des vrais.
Ils bossent six ou sept jours sur sept, avec des horaires que même les boulangers trouvent durs. Pas de vacances au Club Med, pas de jacuzzi à débordement sur la terrasse. Juste le travail, le soin, l'exigence.
Ces chefs d'entreprise doivent calculer au centime près pour continuer à faire tourner leur atelier. Ils méritent leur rémunération comme n'importe quel artisan, commerçant, voire à mon sens ils méritent plus le « Chief of Mon-Cul-sur-la-Commode » de la nouvelle licorne de la Cheese tech.

ET LE COUP DE GRÂCE

Si tu me lis, il y a une forte probabilité que tu ne te bouges pas le popotin tous les samedis pour aller chercher ton cheese à la ferme…

Donc il faut bien que tu l'achètes quelque part : en grande surface ou en magasin spécialisé. En grande surface, les cheeses sont achetés à prix serré, puis revendus quasi x2.

Les crémiers-fromagers eux aussi achètent à 1 et revendent à 2.
Entre le prix du local et l'investissement qui va avec de plusieurs centaines de milliers d'euros, l'entretien des caves et chambres froides, le salaire du personnel formé, l'électricité (spoiler : un frigo à cheese consomme plus qu'une Tesla), les charges sociales, la TVA, l'assurance, les pertes sur produits vivants… l'ardoise grimpe très vite.

Et, accessoirement, n'oublions pas le petit salaire après six jours sur sept de boulot… C'est du temps, du risque, de la sueur.

Le cheese, c'est de l'artisanat.

Alors si le prix te gêne, tu peux toujours aller traire ta chèvre, mouler ton cheese, construire ta cave et attendre six mois. Bon courage.

*Traduction pour ceux qui n'aiment pas l'anglais : Hazard Analysis Critical Control Point, ou Système d'analyses des risques et de maîtrise des points critiques.

Y'A-T-IL UNE SAISONNALITÉ DU CHEESE ?

Il n'y a pas que les tomates et les abricots qui ont leur saison. Le cheese aussi suit la nature. Pas celui enrobé dans de la cire rouge, hein, mais le vrai, celui qui vit et qui respire. Parce que l'ingrédient principal du cheese, c'est le lait. Et le lait, quand il est cru, non standardisé ni homogénéisé, évolue avec l'animal, sa race, son cycle de lactation et son alimentation.

DES SAISONS ET DES TRAYONS

En théorie, on ne devrait même pas avoir les mêmes cheeses toute l'année.

Chaque bestiole a son propre calendrier :

- **La vache** donne du lait pendant environ 10 mois, puis elle fait une pause, peinarde. C'est ce qu'on appelle le « tarissement ».
- **La chèvre** donne du lait du printemps à l'automne, après avoir mis bas. En hiver, c'est chômage technique.
- **La brebis**, elle, est active de décembre à fin août principalement, et basta.

Moralité ? Ce n'est pas très « naturel » d'avoir du crottin de Chavignol ultra-frais pour ton apéro de Noël.

Certains cheeses AOP respectent d'ailleurs ce rythme ancestral :
Par exemple, la dénomination « beaufort d'été » ne s'applique que pour les beauforts fabriqués entre le 1er juin et le 31 octobre.

Dis-moi ce que tu broutes

Tu as intégré qu'il y avait une différence entre une tomate de supermarché au creux de l'hiver et une tomate du potager en plein mois d'août ? Bah, pour le lait, c'est pareil. Prenons le cas du comté. Pour la collection printemps-été, les vaches gambadent dans les prairies et broutent une herbe fraîche ultra parfumée avec des dizaines de fleurs et de plantes différentes.

Résultat ?
Un lait plus riche en bêta-carotène, donc un cheese plus jaune, avec des arômes complexes et floraux.

Pour la collection automne-hiver, retour à l'étable, et fini la bonne beuh. Les vaches mangent du foin sec, ce qui donne un lait plus pâle, et des cheeses plus doux, plus beurrés, avec moins d'explosion aromatique.

À CHAQUE SAISON, SON CHAMPION

Alors, comment savoir quel cheese déguster à quel moment ?

C'est simple, il suffit de prendre la période optimale de production et d'y ajouter le temps d'affinage pour connaître la période optimale de consommation. Mais comme je sais que t'es un gros flemmard, voici un récap gratos (enfin presque) :

AU PRINTEMPS :
c'est la fête des cheeses frais ! Crottins, faisselles, chèvres qui gambadent dans ton assiette. C'est aussi le moment parfait pour un reblochon fermier.

EN HIVER :
place aux grosses pâtes pressées. Comté 18 mois, raclette bien coulante, mont d'or.

EN ÉTÉ :
tommes, cheeses d'alpage et toutes les pâtes molles vont être au top !

EN AUTOMNE :
les pâtes persillées sont arrivées à maturité, fais-toi plaisir !

Quand il est bon, c'est sacrilège de le mettre au four.

Le cheese, c'est comme la nature : ça pousse, ça mûrit, ça évolue. Respecter la saisonnalité, c'est redonner du sens à ce qu'on mange, et s'offrir des bombes de saveurs au meilleur moment.

Soit en sortant ta vieille calculette, soit en te fiant à ton instinct : si tu as plus envie d'un mont d'or au creux de l'hiver qu'une feta-pastèque, c'est bon signe !

INTERMÈDE CULINAIRE

TARTIFLETTE ULTRA CRÉMEUSE AU REBLOCHON

POUR 4 À 6 PERSONNES
PRÉPARATION 20 minutes **CUISSON** 55 minutes

1,5 kg de pommes de terre à chair ferme
250 g de lardons fumés
2 gros oignons jaunes
20 cl de crème fraîche épaisse entière
1 reblochon entier (450 à 500 g)
1 noix de beurre
Sel, poivre
(Optionnel : un petit verre de vin blanc de Savoie)

★ Fais cuire les pommes de terre avec leur peau dans une grande casserole d'eau salée pendant 20 à 25 min. Laisse-les tiédir, puis pèle-les et coupe-les en rondelles épaisses.

★ Émince finement les oignons. Fais fondre une noix de beurre dans une poêle, puis fais revenir les oignons jusqu'à ce qu'ils deviennent translucides. Ajoute les lardons et fais-les dorer quelques minutes. (Pour plus de goût, déglace avec un peu de vin blanc si tu le souhaites.)

★ Préchauffe le four à 200 °C (th. 6-7).

★ Coupe le reblochon en deux dans l'épaisseur, puis recoupe chaque moitié en deux ou trois morceaux.

★ Beurre un plat à gratin. Dispose une couche de pommes de terre, ajoute une partie du mélange oignons-lardons, verse un peu de crème, sale légèrement, poivre. Répète l'opération jusqu'à épuisement des ingrédients.

★ Dépose les morceaux de reblochon sur le dessus, croûte vers le haut pour qu'il fonde bien dans le plat.

★ Enfourne pour 25 à 30 min, jusqu'à ce que le fromage soit bien fondu et gratiné.

GOUGÈRES AU FROMAGE

POUR 6 PERSONNES
PRÉPARATION 25 minutes **CUISSON** 30 minutes

----

75 g de beurre salé
150 g de farine
3 œufs
200 g d'abondance
1 cuil. à café de thym sec
Sel, poivre du moulin

★ Porte 25 cl d'eau à frémissements avec le beurre coupé en morceaux et une pincée de sel. Quand le beurre est complètement fondu, ajoute la farine en une fois et mélange énergiquement pendant 2 min à feu doux.

★ Verse la pâte obtenue dans un saladier et mélange-la vigoureusement pour la faire refroidir un peu avant d'ajouter les œufs un par un en mélangeant bien entre chaque ajout.

★ Râpe le fromage et incorpores-en 150 g à la pâte avec le thym et du poivre.

★ Préchauffe le four à 180 °C (th. 6) en chaleur tournante.

★ Place la pâte dans une poche à douille lisse. Forme de petites boules de la taille d'une balle de ping-pong sur une plaque de cuisson recouverte de papier sulfurisé. Espace-les un peu pour éviter qu'elles ne se touchent en gonflant pendant la cuisson. Saupoudre-les du restant de fromage râpé et enfourne pour 25 min.

★ Laisse les gougères refroidir sur une grille à la sortie du four.

★ Sers-les tièdes avec une salade d'endives aux champignons et aux noix, par exemple.

BOUCHÉES CROUSTILLANTES À LA FETA

Par Amna, foodista
@amnafoodie

POUR 6 PERSONNES
PRÉPARATION 5 minutes **CUISSON** 10-15 minutes

----

1 paquet de pâte filo
1 bloc de feta (environ 200 g)
3 cuil. à soupe de miel
1 cuil. à soupe d'herbes de Provence
2 à 3 cuil. à soupe d'huile d'olive
1 cuil. à soupe de graines de sésame

★ Préchauffe le four à 180°C (th. 6), en position chaleur tournante.

★ Superpose plusieurs feuilles de pâte filo (4 à 5 selon l'épaisseur souhaitée) sur un plan de travail.

★ Dépose la feta coupée en bâtonnets à 2 cm du bord de la pâte filo, sur toute la longueur. Arrose-la d'un filet de miel, puis parsème d'herbes de Provence.

★ Enroule la feta dans la pâte filo en serrant bien, comme pour former un rouleau compact.

★ À l'aide d'un couteau bien aiguisé, découpe le rouleau en tronçons réguliers d'environ 2-3 cm de long.

★ Dépose les tronçons côte à côte dans un plat légèrement huilé. Verse une petite cuillerée d'huile d'olive sur chacun.

★ Fais cuire au four pendant 10 à 15 min, jusqu'à ce que la pâte soit dorée et croustillante.

★ À la sortie du four, arrose généreusement chaque bouchée de miel et saupoudre de graines de sésame.

CHEESECAKE TOURANGEAU

Dans cette recette, j'ai voulu m'inspirer du cheesecake basque en y apportant ce goût caprin et une bonne touche de fraîcheur tout en gardant une texture ultra fondante.

Par Paul, chef du restaurant Miettes (Tours)
@prochedelafaim

POUR 6 À 8 PERSONNES
PRÉPARATION 30 minutes **CUISSON** 25-30 minutes

----

250 g de Sainte-Maure-de-Touraine AOP
450 g de crème liquide entière
4 œufs
120 g de sucre cassonade
25 g de fécule de maïs
1 zeste de citron vert bio
Beurre

Et attention, si tu ne veux pas t'attirer les foudres des Tourangeaux, si tu manges une bûche de Sainte-Maure-de-Touraine AOP, on commence toujours par le côté le plus gros.

Matériel
1 moule à charnière ou un cercle à mousse de 22 cm de diamètre

----

- Préchauffe le four à 225 °C (th. 7-8) en chaleur statique.
- Dans une casserole sur feu doux, fais chauffer le Sainte-Maure de Touraine coupé en morceaux avec 300 g de crème liquide. Une fois la crème chaude, mixe avec un mixeur plongeant pour obtenir une crème homogène. Ajoute les 150 g de crème liquide restante.
- Dans un cul-de-poule, fouette les œufs avec le sucre, la fécule de maïs, le zeste de citron vert (et la baie timur sit tu aimes ça).
- Incorpore l'appareil fromage-crème et mélange bien.
- Beurre le moule, puis dispose une première feuille de papier cuisson et fais-la bien adhérer au moule. Disposes-en une deuxième pour recouvrir un maximum le moule. Les feuilles doivent légèrement dépasser.
- Verse l'appareil à cheesecake dans le moule. Enfourne pendant 25 à 30 min.
- Sors le cheesecake du four quand il est bien coloré en surface et que le centre est tremblotant quand on le secoue légèrement.
- Mange bien froid.

Pour encore plus de fraîcheur, tu peux ajouter une pincée de baies timur fraîchement écrasées au mortier, ça accentue le côté agrume et ça marche parfaitement !

OÙ ACHETER SON CHEESE ?

Acheter du cheese, ça a l'air simple, mais c'est un art. Entre le fermier passionné du fond des Cévennes, la crémerie-fromagerie de quartier bien pointue et le fromagiste perdu à la foire à l'asperge, le chemin est semé d'embûches de chèvre.

Voici un petit guide pour claquer ta thune avec panache.

LE (SAINT-)NEC PLUS ULTRA

Si tu as la chance d'habiter à la campagne, fonce à la ferme ! C'est le premier maillon de la chaîne : cheeses frais, artisanaux, majoritairement au lait cru, et à prix imbattables. En plus de la bonne affaire, c'est l'occasion de rencontrer les fermiers, d'échanger, de voir les animaux, de te reconnecter à la réalité.

Si tu es citadin, profites-en pendant les vacances : fais le plein de cheeses à la ferme.

Et si tu ne peux pas tout manger ? Tu fais des portions et tu congèles. Pas idéal, certes – surtout pour les cheeses à pâte molle –, mais pour un chèvre sec ou une tomme bien affûtée, franchement, ça tient la croûte.

LE BON CHEESE AU COIN DE LA RUE

Si tu habites en ville, et que les vacances, c'est pas pour tout de suite, direction la crémerie-fromagerie de quartier.
Alors, c'est plus cher qu'à la ferme, c'est sûr, mais c'est totalement justifié. Choix, affinage maison, conseils précieux... parfois même une petite dégustation offerte pour les plus sages.
Ils achètent à 1 et revendent à 2 : ce n'est pas du vol, c'est leur job. Et si t'es pas content, ouvre ta fromagerie. Tu verras si c'est si simple.

En parallèle, il existe des stands de marché très bien tenus : de vraies pépites. Mais gare aux « fromagistes » de pacotille, planqués entre une baraque à frites et un étal de torchons ! Ils te refourgueront sans scrupules des cheeses méga déclassés à prix d'or en les faisant passer pour le cheese de leur vieil oncle, avec un grand sourire en prime. Fuis !
Enfin, certaines épiceries fines, différents magasins bio et cavistes sélectionnent quelques bons cheeses locaux.
Si le choix est limité, la qualité est souvent au rendez-vous.

LIRE ENTRE LES RAYONS

Les supermarchés sont très forts en slogans. Sauf qu'acheter ton cheese sous néon blafard n'est pas exactement un acte de résistance sociale.
Oui, il existe des cheeses fades à 12 € le kilo. Mais pour des produits équivalents, le prix n'est pas toujours plus avantageux qu'en fromagerie.
Et niveau goût, texture, plaisir... Y'a pas photo.
Il faut aussi comprendre ce qui suit : les fromagers et affineurs sélectionnent et font des gammes : la meilleure came part en crémerie-fromagerie et la moins quali', en supermarché.
Si ton budget est serré, mon conseil tient en une bouchée : achète moins, mais mieux.

Et si on se mettait à parler en « apport nutritif / prix », franchement, tu serais gagnant.

Maintenant, si tu dois passer par le supermarché parce que c'est plus simple, plus proche, ou que t'aimes les défis, voici les quelques bons réflexes à développer :

- ★ **préfère le rayon coupe** ; les cheeses y sont souvent mieux sélectionnés, et tu peux poser des questions (parfois, on te répond même) ;
- ★ **repère les cheeses AOP**, tu sais, le petit logo rouge et jaune, garantie d'un minimum de sérieux ;
- ★ **et regarde bien le prix au kilo**, je ne le répéterai jamais assez. C'est là que se cachent les vraies douilles.

Alors que tu sois Team fermier dans la brume du Jura, Team fromager de quartier qui te file la petite pépite du moment ou Team supermarché avec un peu de jugeote (et une loupe sur le prix au kilo), l'essentiel, c'est de choisir avec attention.

Allez, bon shopping... et que le meilleur Cheese soit dans ton sac.

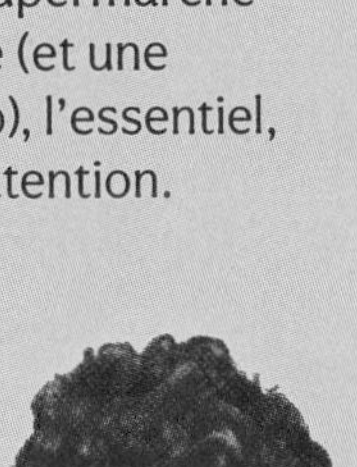

COMMENT S'Y RETROUVER DANS UNE FROMAGERIE ?

**Il n'y a pas que les touristes japonais qui sont perdus dans une crémerie-fromagerie. Même les Français pur beurre peuvent ressentir un petit vertige en y entrant.
Pas de panique. Respire. Voici ta boussole pour te diriger en confiance dans la jungle des croûtes.**

PANIQUE GÉNÉRALE

Être seul dans un endroit tout blanc, froid, encerclé par 200 Cheeses alors que tu n'en connais que cinq, c'est intimidant.
T'as beau aimer le comté, tolérer le camembert, tu es parfois entouré de cheeses aux formes bizarres et aux noms qui ressemblent à des mots de passe Wi-Fi.
Et, parfois, les vendeurs censés t'aider ne sont pas toujours des guides inspirants... Entre les timides, les pédants et ceux qui n'y connaissent pas grand-chose, l'expérience client peut être un peu rude.
Sans parler de la dégustation : en France, c'est souvent une micro-lamelle, deux sourcils froncés, et au revoir.
À Londres, chez Neal's Yard Dairy, on te fait goûter 20 cheeses avec un grand sourire anglais, irrégulier, certes, mais non moins chaleureux.
Comme quoi, même dans le cheese, y'a des choses à apprendre des Rosbifs.
Un bon fromager, c'est ton sherpa sur l'Everest du goût.
À toi de le trouver.

LE CHEESE BOOK EST TON GPS

Grâce à cet ouvrage génialissime, tu vas bientôt en savoir plus que 50 % des crémiers de quartier. (Oui, je sens que je viens de me faire blacklister dans deux-trois boutiques parisiennes.)

Retiens ceci : la plupart des fromageries sont organisées par grandes familles de cheeses (si tu ne sais pas combien il y en a, va faire un tour page 16).

Les chèvres d'un côté, les pâtes persillées qui la jouent perso, les croûtes lavées qui font une contre-teuf au fond de la vitrine... Il y a une logique !

Une fois que t'as capté cette logique, c'est déjà plus simple : tu vas vers les familles que tu kiffes, tu regardes ceux qui ont la meilleure gueule... et tu te laisses tenter.

Car oui mon vieux, vas falloir arrêter de prendre « la même chose que d'habitude » et de repartir avec 100 g de comté et une tranche d'emmental comme Yvonne, 88 ans.

NE PAS CHOISIR

Maintenant que tu as les bases, voici la véritable astuce fromager futé : ne choisis pas. Demande.

En 2016, j'ai suivi la formation pro « Vendeur-conseil en crémerie-fromagerie », pendant laquelle nous n'avons pas seulement appris à ouvrir (et fermer !) le tiroir-caisse, mais aussi à être des guides spirituels de la bonne croûte.

Le seul risque à demander au crémier-fromager de choisir pour toi, c'est qu'il soit un bon soldat qui suit la recommandation patronale et tente de te refourguer en mai une raclette fatiguée re-brandée « tomme savoyarde »...
Et deviens pote avec lui (pas le samedi à 17 h quand la boutique est blindée) !
Un client sympa, curieux et fidèle, c'est un trésor pour un crémier-fromager.
Et ça ouvre parfois les portes des backstages : affinages maison, exclus, cheeses planqués sous le comptoir...

Tu as peur ? Tu es perdu ? C'est normal. Trouve ta bonne fromagerie, pose plein de questions, ose te perdre dans les méandres cheesesques des vitrines.

Le cheese, ça se choisit comme un crush : avec l'instinct, la curiosité et un peu de culot.

Alors lève la tête, ouvre tes papilles... et fonce.

V.

C'EST L'HEURE DE GOÛTER

COMMENT BIEN CONSERVER SON CHEESE ?

On a tous connu ce moment tragique où l'on retrouve un bout de cheese oublié au fond du frigo, métamorphosé en pierre ponce ou en sachet de morve.
Soyons honnêtes : un cheese mal conservé, c'est un cheese qui n'a pas été respecté.
Apparemment, tout le monde n'a pas de cave d'affinage chez soi, alors voici quelques astuces simples pour garantir à tes cheeses une belle et longue vie.

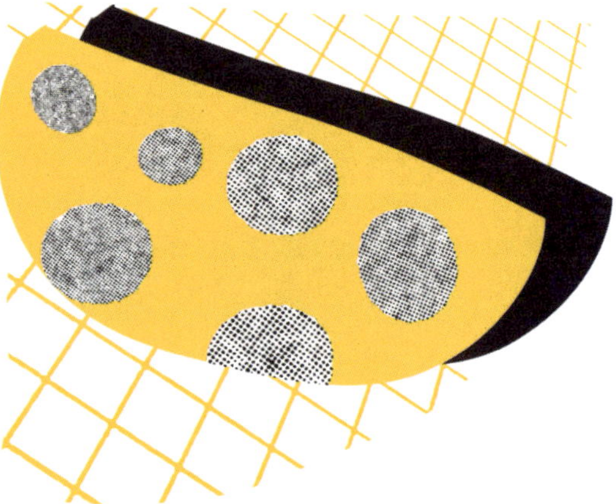

BIEN EMBALLER POUR MIEUX RÉGNER

Si tu respectes ton cheese, donne-lui l'écrin qu'il mérite. Une erreur capitale, c'est le film plastique. Enfermer un cheese dans de la cellophane, c'est comme porter une combinaison de plongée en pleine canicule.
Il ne respire plus, il transpire, il s'asphyxie et finit par sentir la mort. Double effet Kiss Cool : le cheese, qui est un aliment relativement gras, va absorber les arômes du plastique.
Autre erreur de sagouin, mettre tous les cheeses dans un même sac. Littéralement. À éviter impérativement, à moins que tu ne désires que l'époisses se colle au comté, et que le valençay prenne le goût de claquos...
Sérieusement, tu ne ferais même pas ça avec tes slips, alors un peu de respect, sapristi !

Chaque cheese mérite son emballage individuel

L'idéal, c'est le papier spécial du fromager, celui avec ses deux couches magiques : poreuse et imperméable. Sinon, fais appel à ton système D : papier sulfurisé, papier ciré, torchon propre légèrement humide voire papier alu' (mais jamais en contact direct avec la pâte, sous peine d'avoir un goût de pile usagée)... Attends ! c'est pas fini. Une fois que t'as le bon emballage, il faut... emballer, mais bien hein !

Tout un tas de vidéos hypnotisantes sur les internets te montrent comment emballer en fonction de la forme du cheese. Mais s'il y a bien une règle à ne pas laisser de côté, c'est de serrer comme il faut pour que le papelard soit au contact de la pâte du cheese, et serrer au maximum pour qu'il y ait le moins d'air possible.

FRIGO OR NOT FRIGO ?

Voilà, emballé, inutile de peser, maintenant il faut choisir le bon spot.
Le bac à légumes de ton frigo est le meilleur plan : un poil humide, pas trop froid, pas trop sec. L'ambiance 5 étoiles pour ton cheese. Tu peux booster l'humidité en ajoutant une coupelle d'eau ou, au contraire, absorber l'excès d'humidité en déposant un morceau de sucre. Je précise car sait-on jamais avec toi : ne laisse pas traîner tes bananes noircies et tes brocolis pourrissant collés aux cheeses, où c'est direct la case prison. Pour éviter toute contamination olfactive, tu peux mettre tes cheeses dans une boîte, pourvu qu'elle ait des p'tits trous.

Mais ma vraie reco, celle de passionné, c'est de ne tout simplement pas mettre les cheeses au frigo, à part les pâtes persillées et les cheeses frais. Emballe-les bien, pose-les dans ta cuisine, loin du soleil et de la gazinière, et bouffe-les vite. C'est la méthode la plus respectueuse. Un cheese à température ambiante est prêt à dégainer direct, pas besoin d'attendre une heure qu'il revienne à température pour kiffer et grossir en paix.

Respecte ton cheese, il te respectera

Niveau durée de conservation, oublie les règles gravées dans le marbre. Tout dépend du type de cheese, de son affinage initial et surtout de comment tu le traites.

En gros :

- ★ **les cheeses frais** (chèvre frais, ricotta, mozzarella, burrata) et les pâtes persillées sont bien fragiles donc dézingue-les en moins d'une semaine ;
- ★ **les pâtes molles** vont se gâter après deux-trois semaines ;
- ★ **les pâtes pressées** ne feront pas d'histoires même après un ou deux mois.

Fais confiance à ton flair : si l'odeur est douteuse ou que la texture vire à la gelée chelou, c'est pas la peine de jouer à l'apprenti affineur, tu le remercies, tu le jettes vite, et tu passes à autre chose. De fait, la meilleure méthode pour conserver un cheese, c'est encore de le manger. Rapidement. Avec passion. Sans regret. Tu n'es pas affineur, et ton frigo n'est pas une cave de maturation. Un bon cheese s'apprécie à son apogée, et plus il traîne, plus il risque de perdre son charme. Alors, plutôt que de te demander comment le conserver, pose-toi la vraie question : pourquoi attendre ?

COMMENT FAIRE UN BEAU PLATEAU DE CHEESES ?

Soyons honnêtes : la meilleure technique pour un plateau de cheeses réussi, c'est encore de confier la mission à ton crémier-fromager. Oui, ça te coûtera un peu plus cher, mais ce n'est pas tous les jours qu'on sort le grand jeu ! Cela dit, t'as acheté mon bouquin (excellente décision). Alors, dans ma grande bonté, je te livre quelques astuces pour gagner les faveurs de tes convives.

QUE DES N° 10
sur mon plateau

La tradition veut qu'on propose un nombre impair de cheeses sur un plateau.
Pourquoi ? Parce que c'est plus joli à l'œil et ça apporte un équilibre naturel. Mais si t'as envie d'un plateau à huit cheeses, personne ne viendra te juger.

pas moi en tout cas

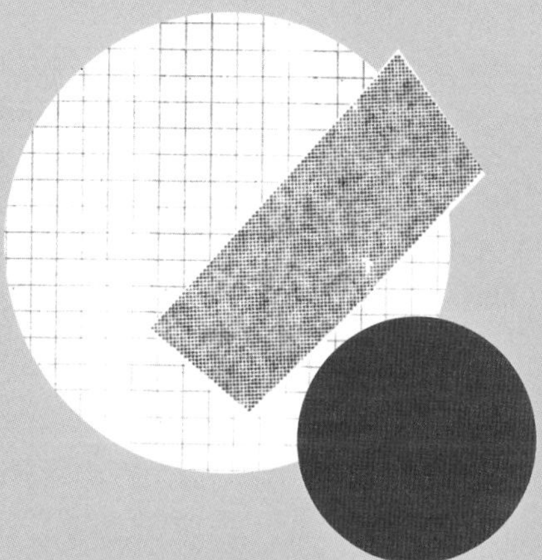

Le principe de base, c'est la variété. Varier les familles (pâte molle, persillée, pressée...), varier les laits (vache, chèvre, brebis) et varier les textures.

Le but ? Que chacun trouve son bonheur.
Moi, j'aime bien construire un plateau **rassurant** et **intrigant**.
Rassurant avec des valeurs sûres : un grand comté, un camembert qui claqu(os), un roquefort d'anthologie... tmtc.
Et intrigant avec des cheeses que personne ne connaît, histoire de faire le coq devant tes invités. C'est aussi à ça que servent les dîners.

SHOW DEVANT !

En France, on a des cheeses de toutes les formes, de toutes les couleurs, de toutes les vibes. Alors fais-toi plaisir !

Dispose-les comme une photo de classe : les petits devant, les gros derrière. Il faut que chaque cheese soit visible et accessible. Côté découpe, je conseille de découper seulement 4-5 morceaux par cheese, pas plus. Ça permet de garder l'aspect visuel du cheese entier, et indique aux convives dans quel sens couper chaque fromage. Avec toutes ces petites attentions, ton plateau restera beau gosse plus longtemps. D'ailleurs si tout n'est pas mangé, tu peux tout remballer easy sans que tes cheeses ne se gâtent.

Petit détail qui tue :

mets à disposition plusieurs couteaux, tout simplement pour éviter d'étaler le reblochon sur la mimolette, qui n'a rien demandé, la pauvre.

Et pour Pinterest

Perso, je suis plutôt Team puriste, plus par flemme que conviction. Je dois avouer qu'il m'arrive de baver sur mon GSM quand je scrolle Instagram et que je vois des plateaux avec tout un tas de trucs et de machins. Voici quelques suggestions d'accompagnement qui font mouche :

bzzz

- ★ crackers, gressins, pains aux noix ;
- ★ raisins frais, figues, pommes, fruits secs ;
- ★ miel, confitures artisanales, chutneys bien sentis ;
- ★ de la charcuterie bien choisie ;
- ★ fleurs comestibles.

Et si t'es en forme, tu peux pousser le délire en t'imposant une direction artistique : un plateau monochromatique (avec que des camaïeux de rouges et oranges par exemple), une thématique printanière, une inspiration méditerranéenne...
Bref, tu fais ce que tu veux, t'es à domicile !

QUEL PINARD POUR QUEL CHEESE ?

Petit rappel amical avant de commencer. Je ne fais qu'émettre des suggestions, pas des commandements gravés dans du marbre. La seule véritable règle ? Se faire plaisir. Et bien sûr, si t'es plus jus de pomme que raisin fermenté, aucun crime de lèse-majescheese en vue.

MES TIPS POUR DES ACCORDS DE TOUTE BEAUTÉ

La règle d'or ? La com-plé-men-ta-ri-té.

Mais non j'déconne, rien n'est obligatoire ! Cependant, si tu as envie de bien faire, voici une sélection de réflexes qu'il me semble bon d'intégrer :

Harmonie des intensités

Imagine un combat de boxe. Tu préfères voir un K.-O. en 37 secondes ou un duel acharné avec suspense et sueur jusqu'au dernier round ? Pour un accord, c'est pareil. Il faut que le cheese et le pinard soient au même niveau. Exemples de K.-O. express : un whisky tourbé sur une mozzarella, ou un vieux maroilles rincé avec une menthe à l'eau. Tu vois le genre.

Dialogue des textures

La douceur d'un chenin demi-sec va caresser la sécheresse d'un crottin de chavignol, tandis qu'un mont-d'or crémeux accompagné d'un sauternes hyper liquoreux va provoquer une explosion de gras sirupeux dégueu. Je vous le garantis.

Attention aux tanins

Les tanins – ce côté râpeux du vin rouge – et le gras des cheeses donnent souvent de l'amertume et des arômes métalliques en bouche. C'est pas interdit d'aimer, mais t'es prévenu !

Équilibre des saveurs

Salé, sucré, acide, amer, umami… Le sucre notamment peut sauver bien des mariages. Un vin liquoreux avec un roquefort, c'est pas un mythe : ça calme la salinité de la bête et ça fait tout fondre en bouche : un aller simple pour le Nirvana !

Gammes aromatiques proches

Tu peux aussi choisir comme approche de faire matcher les arômes. Un saint-nectaire aux notes de sous-bois ira à merveille avec un vin léger et fruité comme un gamay de Loire ou un beaujolais : une vraie balade en forêt.

Accords régionaux

Tout est bon dans la région ! Ces accords sont aussi là pour te faciliter la tâche. Deux raisons à cela : d'une part, un cheese et un vin issus du même terroir ont souvent des intensités et des palettes aromatiques qui se complètent naturellement ; d'autre part, parce que les gens du coin les mangent et les boivent ensemble depuis des siècles, et ils sont pas fous les gars ! C'est ainsi qu'un munster sera au mieux avec un gewurztraminer alsacien, qu'un comté 24 mois sera sublimé par un vin jaune du Jura. La liste est longue !

Si tu veux éviter l'orgie de bouteilles sur la table, mets en application mon conseil malin : un vin blanc sec (genre chardonnay ou sauvignon) fera le job avec presque tous tes cheeses.

Le cheese et le pinard, c'est comme une danse : parfois il y a des pas hésitants, parfois c'est fluide dès la première note. Fais-toi confiance, goûte, amuse-toi. N'oublie jamais que, dans ce duo, c'est ton sourire qui doit gagner à la fin.

CADEAU DE LA MAISON

Je te fais le don sacré de sept accords qui me plaisent. Tu remarqueras qu'il n'y a pas que du pinard, je n'ai pas résisté à te présenter d'autres boissons qui fonctionnent exactement pour les mêmes raisons.

★ **Valençay et sauvignon blanc :** fraîcheur, acidité, notes citronnées et intensité aromatique proche. C'est simple et ultra efficace.

★ **Camembert de Normandie et cidre brut fermier :** la Normandie dans un verre et sur une tartine. L'acidité et les bulles du cidre viennent alléger le crémeux du camembert et souligner sa rusticité.

★ **Fourme d'Ambert AOP et porto blanc :** la douceur et le fruité du porto viennent caresser la fourme et équilibrer son côté persillé. C'est doux, c'est rond, un petit Jésus en culotte de velours.

★ **Langres affiné et champagne brut :** les bulles du champagne vont parfaitement équilibrer la texture crémeuse et légèrement collante du langres, pour un résultat d'une élégance subtile.

★ **Beaufort d'été et mondeuse de Savoie :** un bel accord régional avec une correspondance entre les fruits rouges du vin et les notes fruitées du Cheese.

★ **Maroilles et bière stout :** magnifique correspondance des intensités et des arômes levurés et torréfiés, un côté café au lait qui ravira tous les Ch'tis palais.

★ **Salers et cahors :** un bel équilibre entre ces amants aux caractères bien trempés, avec une correspondance évidente de leurs rusticités.

QUEL PAIN POUR QUEL CHEESE ?

On a de la chance, non ? On vit dans un pays où le pain est une institution et où le cheese est élevé au rang d'icône. Et vernis que nous sommes, les deux ensemble, c'est le nirvana. Mais attention, tous les mariages ne sont pas heureux. Suis-moi pour quelques astuces crousti-crémeuses.

MES TIPS POUR DES ACCORDS DE TOUTE BEAUTÉ

La règle d'or ? La com-plé-men-ta-ri-té

Et non, toujours pas de règle mes biquettes.

Harmonie des intensités

Le conseil de base, c'est qu'il y ait un équilibre d'intensité, again and again. Un pain très aromatique risque d'éclipser un cheese délicat, et vice-et-versa. Personne n'est assez sadique pour assister béatement au massacre d'un pain au cumin sur un pauvre crottin frais innocent, ou d'un vieux puant de Lille sur du pain azyme...

Dialogue des textures

Un cracker croustillant avec un mont d'or ultra-coulant ? Banco ! En revanche, une brioche moelleuse avec un brillat-savarin bien crémeux, c'est un aller simple pour l'effet boule de pâte collée au palais.
À éviter, sauf si tu veux finir l'apéro avec une tronche de hamster.

Équilibre des saveurs

Sucré, salé, acide, amer, umami... remember ? Un pain légèrement sucré peut venir rééquilibrer un cheese très salé ou très acide. C'est pour ça qu'un pain de campagne aux figues ou aux cranberries est quasi toujours une bonne pioche !

Gammes aromatiques proches

Vin ou pain, rien ne change, tu peux aussi choisir le mariage des arômes comme approche. Un saint-nectaire affiné sur paille de seigle qui rencontre un pain de seigle croustillant, c'est le début d'une grande histoire d'amour ; et un pain au lait brioché va sublimer les arômes beurrés d'un comté fruité.

Accords régionaux

Pense toujours aux accords régionaux, pratiqués depuis des siècles. Une fougasse aux olives avec de la brousse du Rove AOP ? T'entends déjà les cigales chanter. Un munster tartiné sur un bretzel doré ? Direction le Ballon d'Alsace en un croc.

CADEAU DE LA MAISON

Comme je suis généreux et qu'il faut que t'en aies pour ton fric, voici mon petit Top 6 des accords pain-cheese :

★ **Comté 30 mois et pain aux noix :** les arômes torréfiés et légèrement fumés du comté adorent la noix. Petite touche perso : j'ajoute une noisette de beurre, pour que ça glisse.

★ **Bleu d'Auvergne et pain aux fruits secs (abricots, cranberries) :** le sucré du pain vient équilibrer la force salée et persillée du bleu.

★ **Brie de Meaux affiné à cœur et baguette tradition :** moelleux dedans, croustillant dehors. Classique, simple et indétrônable.

★ **Salers et pain au levain naturel :** une douce acidité et des notes de fermentation qui se répondent sans se marcher dessus ;

★ **Maroilles bien fait et pain d'épices :** mariage d'intensités sucré vs salé, explosion en bouche et, en bonus : ça impressionne toujours la galerie.

★ **Sainte-Maure de Touraine et pain aux figues :** la figue vient équilibrer l'acidité du Cheese. C'est une association ultra courante avec la sensation de « déjà vu » confortable qui va bien.

Et si tu veux la solution de facilité, une baguette tradition bien faite ou un pain aux fruits secs passe crème avec à peu près tout.
Finalement, les accords, c'est juste du bon sens ! Mais si tu souhaites vraiment quelque chose de cadré, la vraie règle, la seule qui vaille, c'est de te faire plaisir, et impressionner ta bande de saucissons...

LES RICAINS, ROIS DU CHEESE ?

Je suis sûr que tu pensais que le premier pays producteur de cheese, c'était la France... Normal, on a grandi avec du camembert dans les veines. Mais c'est bien les États-Unis, le pays du cheese en spray, les n° 1 du cheese mondial. Ça fait mal au fessier, mais c'est la réalité.

WHO'S YOUR DADDY ?

Quand on parle cheese, on pense baguette, béret et petite moustache frémissante devant un plateau bien garni. Pourtant, les chiffres sont sans appel : avec plus de 6 millions de tonnes de cheeses produites chaque année, les Ricains produisent deux fois plus de cheeses que nous, petits Français au cœur fondant.
Pire encore, et là honnêtement c'est douloureux : l'Allemagne nous dépasse aussi, et se classe deuxième. La France n'arrive que troisième, suivie par l'Italie et les Pays-Bas.

★★★★★★★★★★★★★★★

"C'EST PAS DU CHEESE, C'EST DU PLASTIQUE"

J'ai entendu cette remarque 311 fois.
Historiquement, le cheese américain a surtout brillé par sa standardisation. La législation américaine n'a pas facilité les choses en interdisant la production et l'importation de cheeses au lait cru affinés moins de 60 jours. Nos reblochons crémeux et autres chèvres frais au lait cru y sont *persona non grata* (padano...). Mais ça n'empêche pas nos amis de faire de très bons cheeses en misant sur la technicité, la précision, et un vrai sens de l'innovation !
Faire du « vrai » cheese est devenu hype en Californie, en Oregon, dans le Vermont, dans l'État de New York... De la même manière qu'ils sont devenus une grande nation du vin et de la bière artisanale, le cheese est en phase de devenir la nouvelle coqueluche nationale. Prenons Jasper Hill Farm, dans le Vermont, qui a poussé tous les curseurs à l'extrême : races spécifiques, alimentation 100% herbe, suivis bactériologiques millimétrés, caves robotisées... tout ce qu'il faut pour rafler des prix aux concours internationaux !

LES RICAINS SORTENT DU MOULE

★★★

Là où nos AOP peuvent parfois freiner l'innovation, les Américains expérimentent, osent, inventent, comme le prouvent les cheeses à la bière stout, aux feuilles de figuier, ou au lait de vaches Jersey nourries à l'ananas du Bhoutan (ça, c'est une boutade).
Un exemple bluffant ? Le Rogue River Blue, fabriqué dans l'Oregon. C'est un bleu de vache affiné dans des feuilles de vigne trempées dans de l'eau-de-vie de poire. Rien que ça. Il a d'ailleurs été sacré meilleur cheese du monde aux World Cheese Awards en 2019. Complexe, intense, onctueux, presque liquoreux... Il te fait le même effet sur la langue qu'un solo de guitare de Jimi Hendrix à l'oreille.
Pour le moment, c'est quasi impossible de les trouver en France. On en croise sur des salons professionnels ou dans des boutiques ultra-niches du Ve arrondissement parisien, à des prix ne défiant aucune concurrence.
Même si ça coûte un bras (et l'épaule avec), c'est une expérience gustative... américaine : un peu folle, un peu chère, mais mémorable.

Eh non, les Américains ne jouent plus uniquement dans la cour du Cheese industriel sans âme. Ils créent, ils osent, ils s'inspirent, et parfois, ils nous dépassent. Ce qui se passe là-bas mérite qu'on y prête attention !

INTERMÈDE CULINAIRE

POUTINE

POUR 4 PERSONNES
PRÉPARATION 15 minutes **CUISSON** 35 à 45 minutes

Pour les frites
250 g de cheddar ou de mozzarella râpée
800 g de frites surgelées (cuisson au four)
Sel, poivre

Pour la sauce
3 gousses d'ail
1 oignon jaune
1 cuil. à café de thym
125 g de beurre doux
50 g de farine tout usage
50 cl de bouillon de bœuf concentré + 25 cl d'eau
2 cuil. à café d'huile d'olive

Prépare les frites

★ Fais cuire les frites selon les indications figurant sur le paquet. Préchauffe le four à une température élevée, généralement 220 °C (th. 7-8). Enfourne les frites et fais-les cuire 20 à 30 min, en les retournant à mi-cuisson pour une cuisson uniforme.

Prépare la sauce

★ Pendant la cuisson des frites, épluche et hache l'ail et l'oignon. Fais chauffer l'huile d'olive dans une casserole, puis fais revenir l'oignon pendant 5 min à feu moyen. Ajoute l'ail et le thym, poursuis la cuisson 2 min. Incorpore le beurre, mélange jusqu'à ce qu'il fonde, puis ajoute la farine. Fais cuire le roux pendant 5 min ou jusqu'à ce qu'il soit doré. Mélange le bouillon de bœuf concentré et l'eau puis verse-les progressivement dans la casserole, en fouettant jusqu'à obtenir une texture lisse après chaque ajout.

★ Porte le mélange à ébullition, puis réduis à feu doux et laisse mijoter 2 min. Filtre la sauce à travers un tamis fin dans une casserole.

★ Au moment de servir, répartis les frites dans 4 bols, sale-les et poivre-les puis garnis-les de fromage râpé. Verse la sauce bien chaude sur les frites. Sers immédiatement.

CARPACCIO DE SAINT-JACQUES
à la vieille mimolette

Par Alexandre Marchon, chef (Paris, Biarritz)
@alexandre_marchon

POUR 2 PERSONNES
PRÉPARATION 15 minutes

----

4 noix de saint-jacques ultra-fraîches
60 g de mimolette extra-vieille
Huile d'olive
Fleur de sel
Poivre du moulin
Roquette, pour accompagner

★ En pleine saison des Saint-Jacques, demande à ton poissonnier de te préparer 4 belles noix, de plongée de préférence.

★ Taille-les très finement avec une lame bien aiguisée ou, pour les flemmards, avec un coupe-œuf !

★ Dispose-les en quinconce sur une assiette à température.

★ Assaisonne-les avec un trait d'huile d'olive de très bonne facture, de la fleur de sel et de poivre du moulin fin.

★ Râpe 60 g de vieille mimolette extra-vieille à l'aide d'une râpe fine.

★ Finis par quelques feuilles de roquette.

CROQUE-MONSIEUR AU JAMBON
Speck, truffe noire & saint-nectaire

Par Thibault Sombardier, chef du restaurant Les Parisiens (Paris), entre autres...

@thibaultsombardier

POUR 2 CROQUE-MONSIEUR

PRÉPARATION 5 minutes **CUISSON** 15 minutes

----

4 tranches de pain Poilâne®
2 tranches de jambon blanc de qualité
4 tranches fines de speck
150 g de saint-nectaire (sans croûte, coupé en lamelles)
Un petit filet d'huile de truffe noire (ou quelques copeaux de truffe si tu as)
Un peu de beurre doux, pour dorer les croque-monsieur
Poivre du moulin (optionnel)

★ Préchauffe ton four à 180 °C (ou prépare une poêle selon la cuisson que tu préfères).

★ Beurre légèrement une face de chaque tranche de pain Poilâne®.

★ Sur le côté non beurré, dépose :
- 1 couche de jambon blanc
- 1 couche de speck
- Quelques lamelles de saint-nectaire
- Un filet d'huile de truffe noire ou quelques copeaux
- Un tour de moulin à poivre (si tu le souhaites)

★ Referme avec l'autre tranche, côté beurré vers l'extérieur.

★ Pour une cuisson au four, enfourne 10-12 min, puis 2-3 min en mode gril pour bien gratiner.

★ Pour une cuisson à la poêle, fais dorer 3-4 min de chaque côté à feu moyen, en pressant légèrement.

★ Sers bien chaud, éventuellement avec une petite salade verte.

VI.

POT-MOISI

LE CHEESE LE PLUS CHER DU MONDE

Quand on pense au cheese le plus cher au monde, on imagine un parmesan 102 mois frotté à l'huile essentielle de truffe blanche d'Alba dans une crypte médiévale.
Mais la réalité est bien plus surprenante : il nous vient de Serbie, il s'appelle le pule, il est fabriqué avec du lait d'ânesse (et un peu de chèvre), et coûte plus de 1000 €/kilo.

LAIT D'ÂNESSE : L'OR BLANC DU CHEESE

Si ce cheese coûte une blinde, c'est avant tout parce qu'il est «rare», mais aussi parce que le lait lui-même vaut son pesant d'or.

Une ânesse produit une quantité microscopique de lait : 3 dL par jour, si son petit est à côté, six mois de l'année. En plus d'être rare, il est très pauvre en matières grasses, donc super galère à transformer en Cheese : il faut environ 25 L de lait pour produire 1 kg de pule.

Et ce n'est pas tout : seule une minorité d'un troupeau de 200 ânesses donne du lait... Au final, la ferme ne produit qu'une cinquantaine de kilos de pule par an... C'est simple : on est sur le caviar Beluga du monde fromager.

DU BLING-BLING BIEN CHEESY

Le pule est produit uniquement à Zasavica, une réserve protégée au sud de la Serbie, par Slobodan Simić, éleveur d'ânesses et fromager relativement génial. Il est fabriqué comme un cheese frais : on chauffe, on ajoute de la présure, on laisse cailler, on moule, on sale, on affine environ un mois...
Rien de révolutionnaire techniquement.
Mais la vraie recette du succès, celle qui fait grimper le prix à quatre chiffres, tient en un mot : le marketing. Ça paraît simple, mais fallait y penser :

- des petites productions ;
- emballage du cheese dans un (faux) lingot pyramidal doré ;
- une vente uniquement sur commande à des chefs étoilés ou en don lors d'événements caritatifs.

Et voilà, ça suffit pour exciter des millionnaires en quête de nouvelles idées pour dépenser leur thune.

ET QU'EST-CE QUE ÇA GOÛTE ?

N'ayant pas encore engrangé les multiples recettes de mon livre, je n'ai jamais eu l'occas' de me mettre de pule sous la dent. Mais un jour, si saint Uguzon le veut, je m'offrirai une bouchée de cette licorne fromagère. Et ce jour-là, je ferai une vidéo, en slow-motion : l'ouverture du coffret doré, le parfum léger de lait tiède, la première cuillère sur la langue, la mâche granuleuse, la montée en bouche... la larme.

(le saint patron des fromagers !)

En attendant ce moment solennel, je me fie aux rares critiques qui ont eu ce privilège. Ils décrivent un cheese frais, blanc, doux, granuleux, entre feta crémeuse, chèvre léger et un manchego adouci. *The Takeout* parle d'un goût « riche et noisetté », *Tasting Table* évoque une saveur « complexe, légèrement sucrée, avec un profil unique ». Donc pas un cheese qui te met une claque en somme. Plutôt un cheese qui t'écrit un poème en violentant ton PEL.

Les ânesses, la traite artisanale, la production microscopique, la Serbie sauvage, le coffret doré, c'est du storytelling bien affiné.

Et dans le cheese comme dans la mode : la rareté, ça se paye.

UN CHEESE AUX LARVES ?

Si tu es choqué par la croûte puante d'un maroilles ou par quelques zébrures bleutées d'un bleu de Termignon, j'ai mieux dans ma besace : le casu marzu, un cheese affiné aux larves. Des vraies. Qui gigotent. Qui vivent dans la pâte. Et qu'on déguste avec délectation.

Casgiu Merzu pour nos amis Corses

UN CHEESE QUI BOUGE. VRAIMENT.

Le casu marzu (littéralement « fromage pourri », en sarde) est une spécialité traditionnelle de Sardaigne. À la base, c'est une tomme de brebis type pecorino, Innocente, sage, bien élevée. Jusqu'ici tout va bien.

JUSQU'ICI, TOUT VA BIEN.

★ ★

Puis, à un moment relativement fatidique, on y introduit… des œufs de mouche.

Ou plutôt : on laisse faire la nature. Une mouche locale appelée *Piophila casei* vient pondre dans la croûte. Les œufs éclosent et les larves s'installent bien confortablement dans la pâte, forfait pension complète.

C'est là que ça devient fascinant (ou franchement dégueu, selon ton rapport à la vie) : les larves consomment le cheese, le digèrent… puis le défèquent. Leur salive et leurs sucs digestifs, bourrés d'enzymes, cassent les protéines et les lipides du cheese, comme s'il avait été digéré par une armée de mini-intestins sur pattes…

Pour rajouter un peu de gourmandise, il est recommandé de déguster le cheese larve-included pour profiter pleinement de l'expérience des bestioles qui éclatent sous la dent…

LE GOÛT DE L'INTERDIT

Officiellement, le casu marzu est interdit à la vente en Italie et dans l'Union européenne, car il ne respecte pas les normes sanitaires de sécurité alimentaire. En cause, la présence d'organismes vivants pouvant survivre à l'acidité gastrique et poser problème. Pourtant, les Sardes en mangent depuis des siècles, ils vont très bien et te remercient.

En plus d'être dangereux pour ton bidou, le casu marzu est risqué pour ton faciès.

Les larves, non contentes d'être dérangées en pleine thalasso, peuvent sauter jusqu'à vingt centimètres de haut et viser direct les yeux.
Le port de lunettes de protection est ainsi recommandé, ce qui ajoute la touche finale qui aurait pu manquer à cette dégustation déjà bien folklorique.
Le casu marzu est donc vendu sous le manteau et à prix d'or dans certains marchés locaux ou directement chez des producteurs qui perpétuent la tradition.

★ Malgré son statut borderline, il a été reconnu comme patrimoine culturel immatériel de la Sardaigne, et distingué dans le Guinness World Records comme le cheese le plus dangereux au monde. Classieux.

EST-IL AUSSI BON QUE DÉGUEU ?

Malheureusement, je ne l'ai encore jamais goûté. Mais ça ne saurait tarder : le casu marzu est tout en haut de ma (fameuse) to-eat list.

Ce qu'on en dit ?

Que c'est intense.
La pâte est crémeuse, presque liquide, avec des poches grumeleuses un peu louches. En bouche, ça pique, ça chauffe, ça gratte : un suppôt(sitoire) de Satan parfumé au lait de brebis frelaté. Le cheese est très salé, avec des arômes lactiques puissants, une pointe d'amertume, des notes d'ammoniaque, et un fort côté vinaigré qui te monte au nez. Certains y trouvent aussi un goût de noix très mûre, ou de cuir mouillé.

Bref, on est loin du petit chèvre frais sur toast du dimanche matin : il n'est pas là pour te faire plaisir, il est là pour te rappeler qui commande.

Le casu marzu, c'est le plus punk des cheeses

le témoin vivant (et frétillant !) d'un terroir et de traditions sardes qui ne reculent devant rien. Je ne sais pas toi, mais moi, je vais le goûter. Avec un couteau jetable, et peut-être une petite séance chez le psy après.

INTERMÈDE CULINAIRE

PAO DE QUEIJO

Par Alessandra Montagne, cheffe du restaurant Nosso (Paris), entre autres...
@alessandramontagne

POUR 30 PIÈCES
PRÉPARATION 10 minutes **CUISSON** 17 minutes

----

15 cl d'eau
7,5 cl d'huile
1 cuil. à café de sel
400 g de farine de tapioca
1 œuf
1 yaourt nature
200 g de comté râpé

- ★ Préchauffe le four à 170 °C (th. 6).
- ★ Fais bouillir l'eau, l'huile et le sel. Verse le mélange chaud sur la farine de tapioca et laisse reposer 4 min.
- ★ Ajoute l'œuf, le yaourt et mélange bien.
- ★ Hache le fromage râpé et ajoute-le à la pâte jusqu'à ce qu'il soit bien incorporé.
- ★ Façonne une trentaine de boulettes de la taille d'une petite balle de ping-pong.
- ★ Fais cuire 17 min et déguste dès la sortie du four.

GELATO GRANA PADANO RISERVA
Crumble huile d'olive extra-vierge, figues rôties et vinaigre balsamique

Par Denny Imbroisi, chef du restaurant Ida (Paris), entre autres...
@dennyimbrosi

POUR 15 PERSONNES
PRÉPARATION 30 minutes **REPOS** 1 jour

Pour la glace
800 g de crème liquide
200 g de lait entier
200 g de sucre
100 g sucre inverti
200 g de Grana Padano Riserva râpé
20 g de stab2000 (stabilisateur)

Pour le crumble
500 g de farine
500 g de beurre
200 g de Grana Padano

Pour le crumble
500 g de farine
Fruits de saison, de votre choix

Matériel
Thermomètre de cuisson
Sorbetière
Batteur

Prépare la glace

★ Mélange tous les ingrédients dans une casserole jusqu'à atteindre 70 °C (vérifie à l'aide d'un thermomètre de cuisson). Ajoute ensuite le Grana Padano Riserva et mixe le tout.

Astuce du chef : ajoute une petite pincée de sel à la fin de la préparation.

★ Réserve dans un contenant et laisse reposer la glace une journée au frigo.

★ Après ce temps de repos, transfère dans une sorbetière (ou au congélateur).

Prépare le crumble

★ Préchauffe le four à 180 °C (th. 6).

★ Mélange tous les ingrédients à l'aide d'un batteur jusqu'à obtenir une pâte sableuse. Étale-la sur une plaque et enfourne pendant 10 min.

Dresse

★ Réalise deux belles boules de glace et dispose-les dans un cornet ou une verrine. Parsème de crumble sur le dessus et agrémente de fruits de saison à ta convenance.

FONDANT CHOCOLAT & MASCARPONE

Par Amna, foodista
@amnafoodie

POUR 6 À 8 PERSONNES
PRÉPARATION 10 minutes **CUISSON** 17 minutes

----

3 œufs
125 g de sucre
1 cuil. à café d'arôme vanille
200 g de chocolat noir, fondu
125 g de mascarpone
125 g de farine
Beurre et farine, pour le moule

★ Préchauffe le four à 180 °C (th. 6).

★ Dans un saladier, bats les œufs avec le sucre et l'arôme vanille jusqu'à ce que le mélange soit mousseux.

★ Incorpore le chocolat noir fondu, puis le mascarpone. Mélange jusqu'à obtenir une texture homogène.

★ Ajoute la farine et mélange bien.

★ Verse la préparation dans un moule à cake beurré et fariné, puis enfourne pendant 20 à 25 min.

★ Laisse tiédir 10 min avant de démouler délicatement.

Sers tiède avec une boule de glace vanille ou une cuillerée de crème fouettée pour un dessert encore plus gourmand.

LES FÊTES BIEN CHEESY

La France, ce beau pays où l'on célèbre la gastronomie : des fêtes de vendange à tous les coins de rue en passant par la féria du melon à Cavaillon ou la très célèbre fête du pois chiche à Montaren… Quant à notre cheese national, je trouve qu'il mériterait un peu plus d'initiatives, mais c'est déjà pas mal. Faisons un p'tit tour de la fête la plus mainstream à la plus "what the cheese" !

LES GRANDES MESSES

La filière compte quelques initiatives à grande échelle, mais pas toujours très inclusives.

Le Salon du Fromage, qui se tient tous les deux ans à Paris, est qualitatif mais réservé aux pros.
Il a lieu pendant le Salon de l'Agriculture, où les badauds pourront quand même découvrir quelques cheeses : environ la moitié des AOP y ont un stand, plus ou moins important.
Il y a aussi le Mondial du Fromage, à Tours, avec concours, dégustations et « personnalités » du milieu… c'est pas non plus Cowchella…

Qui est au courant qu'il y a une Journée nationale du Fromage le 27 mars ?
Oui, il y a bien un hashtag et une raclette vaseuse en promo à l'hypermarché de Carcassonne, mais où sont les fanfares, les feux d'artifesse de Madame la Comtisse et les plateaux gratuits à déguster en préfecture ?
Ça manque à mon goût du grand rendez-vous national qu'il mérite… la filière a du boulot !

LA FRANCE EN FÊTES

Un peu partout en France, chaque AOP ou presque a sa fête locale : parfois modeste, parfois énorme, mais toujours vivante et festive.
J'ai pu participer par exemple au super festival du pélardon au Vigan (30), qui réunissait tous les producteurs de cheeses locaux mais aussi des sculpteurs sur bois à la tronçonneuse et des éleveurs de chiens de troupeaux passionnés...
Je suis aussi allé au très joyeux festival Brie Happy, organisé entre autres par la confrérie du brie de Meaux où l'on peut s'enjailler avec de joyeux retraités en toge portant des roues de brie sur la tête qui beuglent des chansons paillardes.

Il y a aussi les grands moments pastoraux : les montées en alpage au printemps et les désalpes à l'automne, où les vaches se parent de belles couronnes de fleurs et de cloches monumentales sous les applaudissements des badauds.

LE MEILLEUR POUR LA FAIM

Changeons d'ambiance. Oublie les marchés de producteurs et les démonstrations de traite.
Place à l'absurde, au génial, au punk.
D'abord, un ovni français : les festivals de Jacques Fromage (oui, c'est son nom de scène, et non, ce n'est pas une blague).
Ce DJ organise plusieurs fois par an des festivals où les passionnés peuvent profiter, entre deux déhanchés, du fameux accord cheese / vin nature / drogue dure : un must doux !

Mais le sommet de l'absurde, on le doit, comme souvent, à nos amis rosbifs.

Le pays qui a vu naître les Rolling Stones semble, en vérité, nourrir une passion encore plus profonde : celle des Rolling Cheeses...
Dans le village de Stilton se tient chaque 1er Mai un championnat local : le World Stilton Cheese Rolling Championships. Des équipes costumées se relaient pour faire rouler une fausse meule en bois dans les rues du village, sous les cris du public et les pintes levées.
Pour encore plus de WTC, il faut grimper jusqu'à Cooper's Hill, dans le Gloucestershire.
Là, on entre dans une autre dimension : celle du Cheese Rolling Festival, qui a notamment été interdit officiellement en 2010 pour raisons de sécurité. Il continue pourtant, sans organisateur déclaré.
Le principe ? Une vraie meule de Double Gloucester jetée du haut d'une colline avec une pente à 45° et des dizaines de participants qui se jettent éperdument derrière.
La meule peut atteindre les 100 km/h. Les corps volent. Les chevilles se tordent. Les genoux claquent. Chaque année, le bilan médical fait frémir : entorses, doubles fractures tibia-péroné, épaules déboîtées et des traumatismes crâniens pour les plus chanceux.
Heureusement que la bière coule à flots pour leur donner du courage et moduler leur perception nociceptive jusqu'à l'arrivée des pompiers.
Décidément, « ils sont fous ces Anglais » comme disait le gros roux (qui n'est pas gros !).

Je ne sais pas pour toi, mais la rédaction de cette page m'a donné une furieuse envie de louer un van, d'y coller une étagère à cheeses, et de partir faire le tour des petites teufs lactées de France et de Navarre, voire de me casser deux ou trois vertèbres par amour du cheese...

12 ANECDOTES WHAT THE CHEESE !

Le cheese, c'est un truc sérieux. Enfin… pas toujours. Parfois, ça part complètement en vrille : œuvres d'art barrées, expériences scientifiques improbables, records absurdes. Accroche-toi !

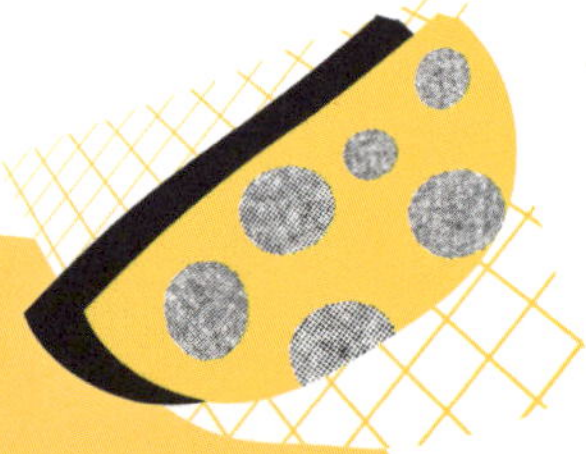

L'ESPAGNE SE VEND BIEN

En 2023, une meule de cabrales, ce bleu ultra-corsé des Asturies, a été achetée aux enchères pour 20 500 € par le restaurant « El Llagar de Colloto », pour soutenir les producteurs locaux et faire un peu de com'.

STILTON N° 5

En 2006, la Stilton Cheese Makers Association lance un parfum d'ambiance baptisé Eau de Stilton. Notes dominantes : cave fraîche, champignon mûr, sous-bois humide.
Il n'est malheureusement plus possible de se procurer le parfum aujourd'hui…

20 000 MEULES SOUS LA MER

À Plouguerneau, Sten Marc (gérant de la Fromagerie du Bout du Monde, à Guipavas) et son copain producteur d'ormeaux Sylvain Huchette ont affiné en anaérobiose des cheeses à pâte persillée à 7 m de profondeur en mer d'Iroise.

Alors que la dégustation auprès des amateurs s'était montrée encourageante, il semblerait qu'ils n'aient pas renouvelé le délire.

NEW YORK, NEW YOOOORK

En 2010, l'artiste Miriam Simun a exposé à New York des cheeses, plutôt des ricottas, fabriquées à partir du lait de femmes de trois terroirs new-yorkais : Bronx, Brooklyn et Queens.

L'objectif : questionner nos tabous alimentaires et… faire le buzz !

THE CHEESE STATE

En 1964, Steve's Cheese (Denmark, Wisconsin) a produit un bloc de cheddar de quasi 16 tonnes pour l'Exposition universelle de New York. Le Cheese a été transporté sur près de 2 000 km dans un semi-remorque vitré surnommé « Cheesemobile », et a été dévoré l'année suivante au congrès annuel des fromagers du Wisconsin.

CHEESE VS HÔTELS

Dans plusieurs hôtels comme Hilton, Shangri-La et Marriott à Shanghai, Tokyo ou Séoul, certains cheeses français sont interdits dans les chambres : époisses, maroilles, vieux-boulogne et munster. Jugés « trop odorants », ils sont logés à la même enseigne que le durian, fruit également banni pour les mêmes raisons.

CHEESE SCULPTURE

Sarah Kaufmann, alias The Cheese Lady, réalise des œuvres monumentales en cheddar pour des événements américains. Parmi ses créations les plus célèbres, des présidents américains grandeur nature, des mascottes de Super Bowl, et un stade de football complet en cheese.

ZIZI DE DRAGON

En 2019, la fromagerie australienne The Stinking Bishops lance un cheese « Dragon's Penis », inspiré de *Game of Thrones*. La pâte est crémeuse et du charbon végétal imite les écailles.
La production est restée à Sydney et n'a pas été poursuivie, faute de public suffisamment téméraire.

ON VA BRIER

En 2017, un article de VICE révèle une tendance étonnante : des femmes anglaises aisées organisent des « brieing parties » à Londres.

Alors que certains fourrent leur brie de pistaches d'Iran, elles prennent l'option offensive en y planquant des cachetons de MDMA…

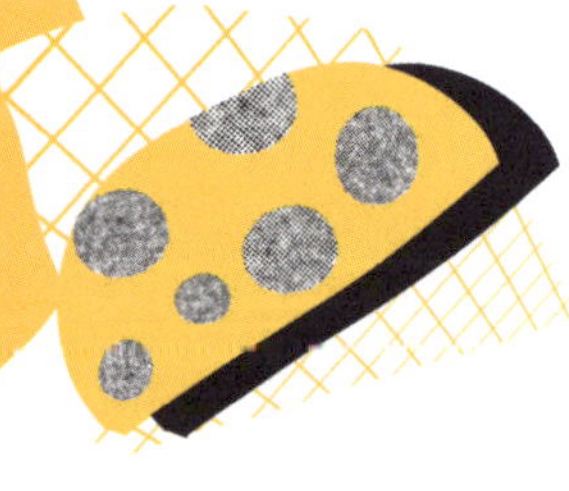

DES SNEAKERS ET UNE PAILLE

Aux Pays-Bas, Dutch Design Lab parvient à fabriquer un « cuir » écologique à partir de caséine, la protéine du lait, remember ?

Ils ont par la suite créé des sneakers mais malheureusement c'était plus pour la beauté du geste que pour les commercialiser…

MISSION PICODON

En 2010, dans une expérience menée par l'association Art in Space avec la NASA, un picodon a été envoyé dans la stratosphère *via* un ballon-sonde.

Le petit chèvre de la Drôme a atteint 30 km d'altitude avant de retomber sur terre, un peu plus sec mais toujours entier.

DJ FROMAGE

En 2019, Beat Wampfler, vétérinaire-affineur suisse, décide de faire écouter différentes musiques à ses meules d'emmental. L'Université des Arts de Berne valide le projet : les meules exposées au hip-hop sont plus crémeuses que celles bercées par du classique ou du silence.

COMMENT SE RÉGALER AVEC DU FROMAGE EN 24 RECETTES

TABLE DES MATIÈRES

REMERCIEMENTS

J'ai choisi de faire ces remerciements dans l'ordre chronologique pour refléter les étapes de mon aventure fromagère.

Je commence par un immense merci à Anne et Pierre Gargaud de la Ferme des Étangs, à Ardenais. C'est chez vous que tout a commencé. Vous m'avez transmis, sans même le savoir, l'amour du fromage, du travail bien fait et, surtout, de la joie de vivre autour d'une bassine de caillé.

Je remercie ma famille, pour leur soutien et pour avoir (j'imagine) pris sur eux quand leur fils de 25 ans, fraîchement diplômé d'une école de commerce bien coûteuse, a décidé de se lancer dans le fromage. Vous avez été présents et avez cru en moi, même sans tout comprendre, et c'est tout ce qui compte.

Merci aux formateurs du CIFCA, et tout particulièrement à Pierre Coulon et Guillaume Rajat, pour votre passion et votre enseignement de grande qualité.

Un grand merci aussi aux crémeries-fromageries qui m'ont accueilli et m'ont permis d'apprendre le métier : Christian et Jean-Daniel de Fromages et Ramage, chez lesquels j'ai débuté. Et l'équipe de la fromagerie Laurent Dubois, et plus particulièrement Olivier et Thierry C., auprès desquels j'ai appris l'art du mûrissage en cave.

Merci à tous les producteurs, affineurs, éleveurs croisés ces dix dernières années sur les (c)routes de France. Vous m'avez accueilli avec une générosité rare, une passion communicative, une gentillesse qui m'a conforté dans ma trajectoire et m'a littéralement fait tomber amoureux de cet univers passionnant.

Merci à mon ami Thomas, qui m'a accompagné dans nombre de ces pérégrinations fromagères, appareil photo à la main, toujours curieux, toujours fidèle.

Merci à ma communauté de biquettes pour votre enthousiasme, vos messages, votre présence. Vous me donnez l'énergie de réaliser toujours de nouveaux projets. Un clin d'œil tout particulier à @lerandonneurgourmand, @ant11, @nicoshuo, @flow_brct, @doc_la_meule, @cocobewear.11

et @flowail, dont les questions ont été plébiscitées par la communauté et sont devenues des articles à part entière.

Merci à toutes les personnes qui m'ont accompagné dans mes différentes activités entrepreneuriales, et tout particulièrement : Adélie, Simon, Rod, Greg, Charles, Pierre et Charlotte.

Merci à mes crémiers-fromagers préférés pour votre amitié et votre accueil : Clément, de la fromagerie Goncourt, pour m'avoir laissé filmer mes vidéos le dimanche. Et Mariette et Frédéric, de la fromagerie Saisons, pour m'avoir permis d'animer mes ateliers dans votre cave aussi chaleureuse qu'exiguë.

Merci aux dizaines d'entrepreneurs et investisseurs qui, parfois en une heure de conseil, parfois au quotidien, m'aident à faire grandir mon projet de Palais du Fromage. Un merci tout particulier à Pich, Romiche, Émilie, Mattias, Samuel, Thomas R, les sculpteurs de Rêve Maël et Romane, ma conseillère *pro bono* Claire et mes gars sûrs du studio d'animation Parallel pour leur accueil chaleureux.

Merci aussi à Charline, Cécile et Fanny pour leur soutien dans les moments où le lait tournait un peu.

Merci à Mounia qui est en stage avec moi et a beaucoup participé à l'écriture de ce livre !

Merci Raffaella pour ton indéfectible soutien, ta patience et ton amour. Merci de croire en moi et en mes rêves, quitte à manger des croûtes de cheese à partir du 15 du mois.

Un grand merci bien sûr à mon éditeur Hachette Cuisine, et plus particulièrement à Lisa, Camille et Nicolas pour avoir cru en ce projet et pour votre accompagnement bienveillant. Merci aux photographes Zoé et Blaise ainsi qu'aux collagistes Mathilde et Bertrand, pour vos photos et vos illustrations qui reflètent parfaitement mon univers « particulier ». Merci aussi à tous les chefs et créateurs de contenu qui ont joué le jeu et nous ont fait confiance, j'espère que vos recettes vous plairont ! Merci enfin à toutes les personnes que je ne connais pas, mais qui ont lu, relu, corrigé, formaté ce livre avec soin.

Et enfin... je me permets (en même temps je fais ce que je veux, c'est mon bouquin) : merci à moi-même. Pour avoir eu l'énergie de mener ce projet à terme, de m'être écouté et autorisé à faire des choix d'intuition et de cœur !

À bientôt pour de prochaines aventures !

LE CHEESE GEEK
LE CHEESE BOOK

LE CHEESE GEEK
LE CHEESE BOOK

Textes liminaires et articles : Fabrice Gepner (Le Cheese Geek)
Textes recettes : p.32 Jean Covillault & Pierre Reure ; p. 35 Mathilde Ratinaud ; p. 36 Justine Piluso ; p. 39 et p. 78 Zoé Armbruster ; p. 40 Cesar Lewandowski ; p. 53 Geoffrey Cornet ; p. 54 Édouard Chouteau ; p. 57 Fanny Herpin ; p. 58 Lauren @laurenbouffe ; p. 77 Garance Jonquois ; p. 86 David Rathgeber ; p. 89 et p. 103 Éric Fénot ; p. 90 Éva Harlé ; p. 104 & p. 145 Amna @amnafoodie ; p. 107 Paul @prochedelafaim ; p. 126 Jésiel Maxan ; p. 129 Alexandre Marchon ; p. 130 Thibault Sombardier ; p. 141 Alessandra Montagne ; p. 142 Denny Imbroisi.
Stylisme et photographies : Zoé Armbruster & Blaise Gargadennec (Studio Zoé&Blaise)
Collages des pages intérieures : Mathilde Aubier & Bertrand Sallé

Direction : Catherine Saunier-Talec
Responsable éditoriale : Lisa Grall
Responsable de projet : Camille Marie
Responsable artistique : Nicolas Gallois
Mise en page et graphisme : Elia Nectoux (Studio Twist)
Relecture : Pauline Thilliez
Fabrication : Amélie Latsch
Responsable des partenariats : Dana Lichiardopol (dlichiardopol@hachette-livre.fr)
Contact : webpratique@hachette-pratique.com

Dépôt légal : septembre 2025
39-1156-3
ISBN : 978-2-01-731802-6/01
Imprimé en Espagne par Estella Graficas en juillet 2025